21世紀の「老い」の思想

# 21世紀の「老い」の思想

— 人生 100 年時代の世代責任 —

森 下 直 貴 著

知泉書館

# まえがき

　日本人はいま寿命 100 年の超高齢社会に生きている。2021 年現在，65 歳以上の老人は約 3600 万人を超え，総人口の 3 割弱を占めている。0 歳児の平均寿命は男性約 82 歳，女性約 89 歳であり，現時点で 70 歳の人なら確実に 90 歳を超えることになる。しかしそうなると，私たちは 30 年以上にも及ぶ老後をどうやって過ごせばいいのだろうか。

　吉田兼好のように潔く美しく死ぬことを願うか。モンテーニュのように私的領分の中で老いを味わい尽くすか。『楢山節考』の老婆のように家族のために自己を犠牲にするか。寿命が 50 年だったらそれでよかった。それとも，ボーヴォワールのように老人の権利を主張し，福祉の充実を求めるか。寿命 70 年ではそれは必要だった。あるいは，アクティブ・エイジングを実践し，健康体操に努めて日々新しいことに挑戦し続けるか。寿命 80 年ならそれも可能だった。

　ところが今日，寿命 100 年の老後を支えるはずの福祉国家が危機に瀕している。社会保障給付費の累積赤字が増加する一方，頼みの日本経済は低迷し続け，国家財政の借金返済が次世代に付け回されている。その中で国民が貧富の二極に階層分化し，老後破産が広がっている。目下，ポスト福祉国家の改革は急務を要し，加えて環境と経済の両立，コミュニティの再建，多様性の包摂，デジタル化への対応といった 21 世紀の課題群も解決を迫っている。

　そもそも老人<sup>(*)</sup>とは何者か。超高齢社会の脇役ではなく，ポ

スト福祉国家の部外者でも，介護保険サービスのたんなるお客様でもない。むしろ主役であり，当事者であり，主人公である。しかも85歳までなら大半の老人はそれなりに元気である。とするなら，老人たちに求められるのは，虚ろな目をしてお迎えが来るのを待ったり，介護者にすべてを任せてひたすら受け身でいたり，スパッと安楽死を選んだりするのではなく，21世紀の人生100年時代にふさわしい老い方を模索し，老いのステージに応じてそれを実践することではないだろうか。

　　（＊）本書では基本的に「老人」という用語をもちいる。この用語は決して卑下した表現ではなく，生き方を問い直す文脈にふさわしいと私は考える。なお，それとは別に，文脈によっては「高齢者」をもちいることもあるが，これは年齢階級を指す行政用語である。

　世の中ではいま終活を含めて老人論がブームとなっている。著名な文学者や，経営者，経済学者，社会学者，医師などが寿命100年を前提にしてマルチステージの人生について語っている。また，90歳前後のスーパー老人たちの魅力的な活躍ぶりも紹介されている。それらは80歳代以降の老い方を思い描く上で示唆に富み，明るい希望を与えてくれる。

　しかし，その種の教訓や実例には老いの四つのステージ，すなわち老いの準備，活動の拡大，活動の縮小，死の準備といった異なるステージをトータルに捉える枠組みがない。それだけでなく，ポスト福祉国家の改革にはほとんど言及されず，21世紀の課題も断片的にしか取り上げられていない。少なくともそれらが体系立って捉えられていない。つまり，

寿命100年の21世紀にふさわしい老人の生き方を支えるための「思想」が欠如しているのだ。

　むろんこれまでも老いの思想はあった。しかし、古典と称される老いの思想はすべて寿命50年を土台にしていたし、老いをテーマにした近年の著作も古典を模倣するものばかりであった。問題の焦点はたんなる老いの「思想」ではない。「寿命100年となった21世紀」の老いの思想である。それはいまだどこにも存在していない。

　それでは、寿命100年の21世紀の老いの思想とは何か。その枠組みを提案するのが本書、「老成学」のプロジェクトである。これは五つの柱からなる。

　第一の柱は過去の人々から受け継いだ共有財産を未来の人々に継承する責任である。これが老いの四つのステージを統合する。継承される公共的な共有財産のことを本書では社会の「みんなのもの（レス・プブリカ<sup>(*)</sup>）」と表現する。これは、生活の総体のうちで人々が価値あるものとして選び、継承してきた技術や、慣習、制度、理念などであり、経済、共同、公共、文化といった人間的活動のすべての領域をカバーする。このみんなのもの（レス・プブリカ）をふるいにかけて選り分ける基準が人々のもつ「幸福感のミニマム」であり、それを通じてみんなのもの（レス・プブリカ）はたえず変容する。

　　（＊）社会の「みんなのもの」になぜ「レス・プブリカ」という聞き慣れないラテン語を付けるかについては第1章と第7章で説明する。

　第二の柱は、みんなのもの（レス・プブリカ）の継承を担う「ライフサイクル年代集団」としての世代概念である。レ

ス・プブリカを支えるのは死者集団と生者集団のあいだのコミュニケーションであり，これと生者集団同士の空間的コミュニケーションとの結節点に世代が位置する。世代の一員が個人であり，個人の時間的・空間的コミュニケーションは集団の時間的・空間的コミュニケーションの中から浮かび上がる。なお，ここで生者同士の空間的コミュニケーションとは多方面に広がる相互的コミュニケーションのネットワークとしての「生活」であり，この展開の範囲と深まりに「豊かさ」が相関する。

　第三の柱は,「コミュニケーション」においては解釈する受け手側がイニシアティブをとるという見地である。この見地に立てば，片方が語りかける限りたとえその相手が語れなくてもコミュニケーションは続いていく。その中では語れない相手，例えば死者，寝たきりや認知症の老人，動物，サイボーグやロボットにも語りかけられるという役割が伴うことになる。また，老いた自己のイメージの形成には「見られる／見せる」という美意識が不可欠であるが，ここに死者の視線が織り込まれることで「死者から見られる」,「死んでからも生者から見られる」という倫理意識が生じる。さらに，人生の最期には若い世代に自分の死に様を見せて人生を学んでもらうという姿勢も生じるだろう。

　第四の柱はポスト福祉国家の改革の鍵を握る「有償ボランティア」という働き方である。これは労働でもボランティアでもなく，老人や社会の共同領域にとって最もふさわしい働き方であり，地域経済とコミュニティを活性化する。また，資本主義的市場経済のグローバル化によって引き起こされた「生活」の疎外に対しても，利潤を求めない有償ボランティアと，これを可能にする「ローカルマネー（地域通貨）」が

有効である。他方、デジタル化に対してはナチュラルなものとの「創発的共生」という観点が求められる。

第五の柱は「シルバー共和主義」という政治的立場である。これがポスト福祉国家の改革を進める際の旗印になる。老人世代の政治的立場はこれまで「シルバー民主主義」と言われてきたが、そこには「みんなのもの（レス・プブリカ）」を継承する世代責任の観点が欠けていた。そのせいで世代格差が放置され、世代間闘争を招いてきた。それに対してみんなのもの（レス・プブリカ）の継承を掲げ、個人の幸福の観点を織り込んで多世代協働をめざすのが「シルバー共和主義」であり、民主主義はその中に組み込まれる。

以上五つの柱からなる「老いの思想」は、ふつうの老人の日常感覚からはかけ離れているように見えるかもしれない。しかし、老人たちはいま日本の各地で、若者世代への支援や、老人同士の互助、終活の話し合いを当たり前のように行なっている。「老いの思想」はそのような日々の営みを反省し、一歩先の将来の形として言葉で定式化したものである。

「老いの思想」は、超高齢社会の主役にして当事者、主人公である老人が世代責任を意識しながら、ポスト福祉国家の改革を担い、21世紀の課題に立ち向う中で、老いの四つのステージの異なる役割を統合するための指針を提案する。それらの指針が寿命100年の21世紀を生きる私たちの良き道標となることを著者として願っている。

老いの思想はたんなる老いについての思想ではない。誰もが老人に成るという観点から組み立てられた思想である。今日、老人の観点を抜きにして思想は成り立たない。21世紀の末に世界の人口はアフリカを除いて減少に転じる。本書では老いの思想を日本国内の範囲で考えているが、少子高齢化

の中で人口減少が始まった日本で当てはまることは，世界の他の国や地域でも同様に当てはまるだろう。その意味で老いの思想は 21 世紀の世界思想なのである。

# 目　　次

# 21 世紀の「老い」の思想

—— 人生 100 年時代の世代責任 ——

# 第 1 章

# 人生 100 年時代の老成学

## 1　人生の土台としての寿命

　人は生まれると子供，若者をへて大人になり，最後は老人として死ぬ。もちろん不幸にして幼年や壮年で亡くなる人もいるから，それはあくまで一般的な話ではある。この一般的なプロセスを段階に区切ったものが「人生ステージ」である[*]。通常，若者は生命力が溢れるため上昇として，老人は生命力が衰えるため下降としてイメージされる（本村ほか p.163-164）。そこから人生ステージはたいてい壮年期を頂点とするゆるやかな丘型で捉えられる（宮田・新谷 p.30-34，ボーヴォワール p.186）。

　　[*]　人生をステージに区分する基準は年齢であるが，それは集団の維持・存続に必要とされる広義の生産力に基づいている。また，年齢区分とは別に，集団を維持する出産力（再生産力）に基づいた性別の区分もある。性別区分は空間配置の枠組みとして人生ステージに織り込まれる。社会の時間分割と空間分割については第 6 章で言及する。

　人は人生ステージを下敷きにして自分の生き方を思い描く。生き方だけではない。集団の制度の仕組みや文化のパ

ターンもまた人生ステージに基づいて形成される。その際,
何歳で成人になり,何歳から老人になるかはおおよそ定まっ
ている。それを根本的に決めているのが人生ステージの土
台,すなわち「寿命」である。人はたいてい一定の寿命を所
与の事実として受け入れる。それ以上の長命を夢見ても本当
に実現するとは思っていない。しかし,集団の人々の持つ寿
命の観念が変われば,それに基づいて人生の計画も変わり,
さらに制度の仕組みや文化のパターンも変わることになろ
う。

　ここで寿命 50 年と 70 年と 100 年を比べてみよう。大ま
かではあるが,人生ステージの成人,中年,老年の年齢はそ
れぞれ次のようになる。

　　　寿命 50 年……成人 15 歳,中年 30 歳,老年 40 歳
　　　寿命 70 年……成人 20 歳,中年 40 歳,老年 55 歳
　　　寿命 100 年… 成人 30 歳,中年 50 歳,老年 70 歳

　老年に注目すると,それぞれ 40 歳,55 歳,70 歳になり,
老後の年数もそれぞれ 10 年,15 年,30 年になる。老後の
長さが 10 年以上も延びるなら,人生の設計や制度の仕組み
や文化のパターンも変わってこざるをえない。これはたんな
る想像ではなく,20 世紀に実際に起こり,21 世紀の現在も
進行している事実である。その事情を駆け足で跡づけてみよ
う。

## 2　人生 50 年時代

　古代日本の養老令は中国の『礼記』に倣って 60 歳を「老」

2 人生 50 年時代

の始まりとしたが，奈良・平安期の人々の感覚では初老は40歳であった。また，実際の死亡年齢では古希の70歳や米寿の88歳もあった（本村ほか p.170-179，225-227）。このように老いの見方に関して年齢の幅がある中で，寿命50年の人生，つまり「人生50年」という観念は『徒然草』を通じて近世の人々のあいだに広く浸透していったのである（本村ほか p.207-208）。

　　住みはてぬ世に見にくき姿を待ちえて，何かはせむ。命
　　長ければ辱多し。長くとも，四十に足らぬほどにて死な
　　んこそ，めやすかるべけれ。（『徒然草』第七段）

『徒然草』の影響は昭和前期の哲学者，三木清の『人生論ノート』（1942年）にまで及んでいる。

　　四十歳をもって初老とすることは東洋の智慧を示してい
　　る。それは単に身体の老衰を意味するのではなく，むし
　　ろ精神の老熟を意味している。この年齢に達した者に
　　とっては死は慰めとしてさえ感じられることが可能にな
　　る。死の恐怖はつねに病的に，誇張して語られている，
　　今も私の心を捉えて離さないパスカルにおいてさえも。
　　真実は死の平和であり，この感覚は老熟した精神の健康
　　の徴表である。（三木 p.197）

　初老40歳，人生50年という観念は日本や東洋世界に限らず，西洋世界でも広く通用していたと推測される（ボーヴォワール p.189-190）。ここでは一例としてルネッサンス後期を代表するユマニスト，モンテーニュの『エセー』をあげ

ておこう。

> 四十歳をとうに超えて老いの道に入り込んだいま，自分
> は以前のような壮健の身ではない。「少しずつ盛りの頃
> の体力と活力は年齢に打ち砕かれ，年齢は老衰に向かっ
> て流れていく」（ルクレティウス）。これからの私はもは
> や半分の存在でしかなくなり，以前の自分ではないだろ
> う。私は毎日，私自身から抜け出し，こっそり逃げてゆ
> くのだ。（モンテーニュ p.625）

　もちろん，「人生 50 年」という区切り方は社会の一般通
念であり，実際の個々人の寿命はプラスマイナス 10 年程度
を補って捉える必要がある。中にはそれよりはるかに長生き
した人もいた。例えば 80 歳のプラトン，89 歳の親鸞や葛飾
北斎，95 歳の鈴木大拙がそうであるが，彼らはあくまで少
数の例外であり，稀有の存在とみなされた（山田，飯島）。
　人生 50 年の観念が通用してきた長い歴史の中で，老人た
ちはつねに嫌悪と軽蔑の視線に晒されてきたが，時代や地域
によっては尊敬と崇拝の対象になることもあった（ボーヴォ
ワール p.102，250）。いくつか例をあげてみよう。
　仏教の説話に「四門出遊」がある。若きガウタマ・シッ
ダールタが王城を抜け出し，世の中のことを知って人生の苦
を悟ったという物語だ。問題は最初の東門で出会った老人の
描写である。ボーヴォワールの引用によると「身体が不自由
で，歯が抜け落ち，皺だらけ，頭は禿げ，腰は曲がり，杖に
すがって何やらぶつぶつ呟き，全身が震えていた……」（ボー
ヴォワール p.5）。ここには嫌悪と軽蔑のまなざしが貫いてい
る。

　これと類似した描写は 1700 年前後に活躍した劇作家，シェークスピアの『お気に召すまま』第 2 幕第 7 場にも登場する。「この世は舞台，人は役者，人生は七幕の出し物」という科白を受けて，最終七幕目の老人がこう描写される。「第二の子供，ものを忘れ，歯もなく，目も見えず，味はせず，すべて何もない」（シェークスピア）。

　他方，古代ローマのキケロの『老年について』では，84 歳の大カトーが若者二人を相手に人生を語り，共和国の伝統を守り抜く老人の意気込みを美しく謳い上げている。これはラテン文学における老人肯定の先駆けとされる（キケロ―p.124。本文中ではキケロを用いる）。

　あるいは，中国の国教となった儒教の中軸をなす『孝経』は，祖先崇拝を背景にして親子の生命のつながりを強調することで，老人に対する尊敬の徳を権威づけている（加持）。理想とはいえ老人が尊敬を独占した中国社会は人類史上稀有とされる（ボーヴォワール p.104-105）。

　以上見たように老人は長らく両極端のイメージで捉えられてきた。老人の外見の衰えがグロテスクなまでに強調され，それが老人の本性とされる一方で，老人の徳が美しく謳い上げられ，それが老人の本質と見なされたのである。

　ボーヴォワールは軽蔑と尊敬のあいだの落差を老人の属する階級の違いに求めている（ボーヴォワール p.131）。その解釈が十分かどうかはともかく，結果として老人の実像が覆い隠され，ありのままの現実が無視されてきたことは確かであろう。「孝」の文化圏においてすら，生活が苦しい状況では老親に対する子の心情は養老と棄老のあいだで揺れ動いていたが（宮田・新谷 p.35-38），それを孝イデオロギーが押し潰してきたのである（加持 p.348-350，374）。

（＊）なお，老人の両極端のイメージを生み出しているのは集
団を支配する男性の視点である。この視点はまた例えば「舌切
り雀」のように老人の中でも女性に対する差別を生み出してい
る（宮田・新谷 p.72-73，ボーヴォワール p.142-143）。

## 3　人生 70 年時代

　人生 50 年の観念が変化し始めるのはようやく 19 世紀の
後半以降のことである。産業革命が旧来の生産と流通の仕組
みを変え，資本主義的な市場経済が拡大して人々の生活に浸
透すると，労働形態が変化し，それに伴って暮らし方や空間
分割の仕方が変容する。こうして 20 世紀には人々が一斉に
就学し，就職し，そして退職するという人生の三ステージが
定着する（グラットン，スミス）。

　欧米世界の近代化の波を受けて明治期の日本でも隠居論争
が起こった。江戸時代の隠居慣習の廃止を求める論調に対
し，隠居制度の有用性を唱えたのは渋沢栄一の娘婿で，民法
典の成立に尽力した穂積陳重である。彼は『隠居論』（1891
年）の中で，国家の土台である家制度を支えるためには老人
への敬愛が必要であり，知恵のある「優老」の活用を主張し
た（本村ほか p.241-244）。また，20 世紀初めにはメチニコフ
が老年学（ジェロントロジー）を提唱し，日本でも長寿ブー
ムを引き起こした（本村ほか p.259-260）。その背景には医学
の近代化があった。

　敗戦後の日本は廃墟の中から福祉国家を目指した。1960
年代には高度経済成長を背景にして社会保障制度が整備さ
れ，1970 年代の初めに平均寿命が 70 歳になった。「人生 70
年」時代の始まりである。老人が地域のあちこちで目立つよ

うになったが，介護をもっぱら担っていた女性たちは社会進出に関心を向けるようになった。こうした中で老人が初めて「社会問題」となったのである。

　人生70年を正面から見据えた著作が相次いで出版された。嚆矢はフランスの女性哲学者，ボーヴォワールの『老い』（1970年）である。ここで老いが初めて哲学の考察対象になった。日本では有吉佐和子の『恍惚の人』（1972年）が老人介護をめぐる社会常識をえぐり出し，世の中に衝撃を与えた。米国では老年学の父と称されたロバート・バトラーが『なぜ長生きするのか』（1975年）を公表し，老人差別を克服するために老人の積極的な生き方を提唱した。

　ところが1980年代の後半になると，手厚い医療に支えられた長寿化の陰で，医療費の増大が国家財政を圧迫し始める一方，生きる意味を見出せないでいる老人が増えてきた。ここで老人をめぐる「社会問題」の意味が変質した。この時期にはまた女性の社会進出に伴って家族の形が変容し始め，これに刺激を受けて家族論ブームが起こった。そうした中で米国の生命倫理学者キャラハンは『限界を設定すること』（1987年）を書いてバトラー老年学の近代主義を批判し，老人医療資源の制限案を提出したが，これは時代を30年先取りしたものだった。

　1990年代に入ると寿命が80年に伸びた。人生70年では余生といってもせいぜい10年程度であり，家族の世話を受ける消極的な老人像が一般的であったが，「人生80年」では余生が20年以上に及ぶ。個人主義の傾向の強まりも背景にあり，新たに積極的で行動的な老人像が提唱され，これに刺激を受けて老人論がブームとなった。

　そして2000年，国家財政の破綻を避けるとともに，疲弊

する介護家族の負担を軽減するために，福祉ビジネスに道を開く介護保険制度が施行された。長寿化はその後も進み，2010 年代には寿命 100 年の人生，つまり「人生 100 年」の時代を迎えた。一億人規模の超高齢社会の出現は人類史上初めてであり，日本はいまも世界の先頭を疾走している。

# 4　人生 100 年時代

　次に，超高齢社会の実態を統計データで確認してみよう。ここでは社会保障・人口問題研究所ホームページほか，厚生労働省ホームページ，財務省ホームページ「日本の財政を考える」などを参照する。

　2021 年現在，日本人の平均寿命は男性約 82 歳，女性約 89 歳である。これは現在の 0 歳児の半数がその年齢まで生存することを意味する。さらに，0 歳児ではなく現在 70 歳まで生存している人なら平均余命は 90 歳を超える。また，死亡率に将来変動を織り込めば実際にはもっと長生きするはずである。実際，100 歳代の老人（百寿者）は約 9 万人いる。

　（＊）ここで「平均寿命」について説明しておこう。2021 年の出生数は約 80 万人であったが，これを便宜的に 10 万人とする（男女別に計算する場合でも同様にする）。同年の各年齢の 10 万人あたりの死亡率から生存者数を割り出し，これを 0 歳から 120 歳まで X 軸に並べる。Y 軸は 10 万人から 0 人までになる。すると右下がりの緩やかな曲線が得られる。そこで 0 歳が 50 万人に半減した Y 軸上の点から平行線を引いてみる。このとき曲線と交わった X 点（男性の場合は約 82 歳）が 0 歳児の平均寿命である。これは 2021 年の死亡率を定点として計算するためピリオド計算法と呼ばれる。この場合，70 歳では半減した Y 点を通る平行線と曲線が交わる X 点が平均余命になるが，0 歳児より長くなる。以上のピリオド計算法に対して，2021 年の死

亡率ではなく，0歳児が例えば20歳，50歳，80歳になった時点の死亡率を予測して平均寿命を計算するのがコホート計算法である。医療技術の進歩を想定すればこちらの方が10年程度長命になる。

　長寿化だけではない。老人世代はすでに社会集団のマジョリティになっている。2020年には女性の半分が50歳以上であった。2021年現在，65歳以上の高齢者は約3600万人，人口の29%弱を占める。2024年には国民の3人に1人が65歳以上，6人に1人が75歳以上になる。ピークは2042年の約4000万人であり，2065年には国民の4割が高齢者になる。

　長寿の老人が大量にいる一方で少子化が進行している。15歳未満の子供人口は約1500万人で12弱%を占める。2021年現在の出生数は約80万5000人であり，2065年には50万人を割り，子供人口総数も800万人を下回る。少子化はさらなる少子化をもたらすから人口減少に歯止めがかからない。

　現在，日本の総人口は約1億2500万人であるが，2065年には約8800万人，2100年に約5000万人，そして2200年には約1000万人までに減少すると予測されている。これは徳川時代の初期とほぼ同じ水準である。社会を支える働き手が減少すると生産が不足し，サービスが低下し，消費が減退し，やがて自治体が消滅すると危惧されている（河合）。

　家族世帯について見ると高齢化と単独化が進行している。現在，若い世代を含めて独居世帯が三分の一を超えている。問題は一人暮らしの高齢者が大量にいることだけではない。むしろそれ以上に重大なのは将来もっと増大するということ

だ。

　老人の健康や生活を守るのが社会保障である。社会保障制度に目を転じると，日本では現役世代から老齢世代に仕送りする仕組み（賦課方式）をとるが，超高齢化に伴って社会保障給付費が膨張する一方，それに保険料が追いついていない。保険料の不足分約 60 兆円は公費投入（ほぼ国債発行）で穴埋めされる。しかし，社会保障制度の後ろ盾である日本経済の方は 1990 年代以来のグローバル化の中で沈滞したまま，回復することなく現在に至っている。

　2021 年予算で見ると，保険料と公費を合わせた社会保障給付費は約 130 兆円になる。これは日本の GDP 約 550 兆円の 4 分の 1 に相当する。しかも，社会保障給付費は毎年 3-4 兆円ずつ増加し，すでに累積借金は 1500 兆円を超えている。その中で公費負担が増加し，世代間の不公平が拡大している（鈴木 p.61）。

　さて，老人の身近な状況はどうか。見えてくるのは貧富の二極化の拡大である。

　一方には，高齢で元気な老人たちの大群が街中や野外に出向き，趣味やボランティア活動に忙しい。彼らは無駄遣いをしないが，消費意欲はそれなりにある。他方には，表には出てこないが，自力で生活できていた老人たちが病気治療や介護をきっかけに貧困化している。高齢化と収入減のせいで家族の自助力は明らかに低下している。老老介護，介護離職，8020 問題，介護虐待，介護殺人，老後破産，孤独死，施設のたらい回しなど，悲惨な報道が後を絶たない（NHK スペシャル取材班）。

　看過できないのは，いずれの側であれ 80 歳を過ぎた老人の多くが生きる意欲を失っていることである。ここで個人的

な体験を挟んでおこう（森下 2017p.88-89）。

　　数年前，地元の老健を見学したことがある。一階では
中央に陣取った女性たちが輪になって遊んでいた。その
様子を壁際に座った男性数人たちが睨むように眺めてい
た。二階では老人たちが指定されたテーブル席におとな
しく座っていた。眠っているようにも見えた。手厚い介
護を受ける中で介護者の指示をひたすら受け入れること
が自分の役割だと覚悟しているようだった。そこには完
全受動の老人の姿があった。

　　同じ頃，中部地方の地域で暮らす老人たちに対面調査
を行い，生きがいを尋ねてみた。返って来た答えの多く
は「生きていても楽しいことはない」，「早くお迎えに来
てほしい」，「同年輩の話し相手がいなくなった」等々，
悲壮感や絶望感はないが，どこか投げやりで希望のない
ものだった。そこには生きることを諦めて自己放棄した
かのような顔があった。

　今日，施設か地域の別なく，80歳を過ぎた老人の多くは
一定の役割や居場所をもっていないように見える。マスコミ
で取り上げられるスーパー老人は別として，介護を受ける身
にもなれば大半の老人は生きがいもなく，笑顔の消えた虚ろ
な目をしながら，その後の20年近くを生き続けることにな
る。これが安楽死を希望する老人が増えている背景である
（森下・佐野 プロローグ）。

## 5　21 世紀老人の条件

　人生 100 年では 80 歳が本格的な老いの始まりである。もちろん，80 歳代でも現役として仕事をバリバリこなしている老人はいるし，一昔前に比べると同年齢でも若々しい老人が少なくない。しかし老人の多くは 80 歳代の半ばを過ぎると，確実に病気がちとなり，介護の世話を受けることになる。そして人生の終末の迎え方について思案する機会も増える。

　（＊）要介護認定者率（2021 年）は 65-69 歳で 3％，70-74 歳で 6％，75-79 歳で 14％，80-84 歳で 29％，85-89 歳で 50％となる（河合 p.48）。

　問題は，80 歳代から 90 歳代の老人の生き方だけでなく，それを含めて人生 100 年時代にふさわしい老人の全体像が見当たらないことである。これでは老人が生きがいと自信と笑顔をもって人生を終えることは難しいだろう。

　（＊）92 歳の俳優，織本順吉の最晩年の日常を撮ったドキュメンタリーがある（BS1 スペシャル「老いてなお花となる　第二章」2019 年 3 月放送）。その中で彼はセリフを覚えられなくなっても，なかなか役者魂を捨てられず，死に方を探してジタバタのたうち回る姿をそのまま見せていた。織本は翌年 93 歳で亡くなった。

　それでは，21 世紀の人生 100 年時代にふさわしい老人像とはどのようなものだろうか。人生 100 年では 70 歳定年とするなら 30 年の余生がある。また，老人世代は超高齢社会のマジョリティであり，社会保障制度の当事者でもある。と

はいえ，老人に期待される役割やできることは若い世代や中高年世代のそれとはもちろん異なる。以上を考え合わせると老人像を成り立たせる条件が三つ浮かんでくる。

　まず，老いの特徴を考慮して人生後半50年を以下の四つのステージに区分する。すなわち，50歳から60歳は老いに備える第一ステージ，60歳から80歳は多方面で元気に活動する第二ステージ，80歳から90歳は介護を受ける第三ステージ，そして90歳以降は死に備える第四ステージである。個人差や性差があるから一概には言えないが，例えば第二ステージでは若い世代を育成する役割のように，どのステージにもそれにふさわしい役割がある。これらの役割を統合する基軸は何か。この基軸が一つ目の条件である。

　次に，老人も社会保障制度の当事者であるから，制度の未来の持続可能性に責任を負っている。今日，社会保障制度を支えている国民の経済活動の活力が失われ，財政赤字が拡大している。したがって社会保障制度を問題にするのであれば，老人もまた経済政策を含めたポスト福祉国家の改革の一翼を担うべきであろう。これが二つ目の条件である。

　さらに，日本社会では少子高齢化による人口減少が進んでいる。その中で経済と環境の両立，デジタル技術の活用，家族の自助力の補完，国土の再配置，多様性の尊重など，21世紀の課題が山積している。そしてこれらの課題はポスト福祉国家の改革と関連している。とすれば，ポスト福祉国家のための改革を進めるにあたり，21世紀の課題をつねに意識しておく必要があろう。これが三つ目の条件である。

　以上の条件をそのままストレートに総合すると，超高齢社会の当事者としてポスト福祉国家のための改革に責任を持ち，関連する21世紀の課題をたえず意識しながら，人生後

半 50 年の四つのステージごとに異なる役割を統合するという老人像が浮かんでくる。

# 6　老いの思想

　ここで疑問が出てくることだろう。21 世紀の人生 100 年時代に求められる老人とは，はたしていま浮かんできたような老人なのだろうか。そのような老人はふつうの老人の日常感覚からはあまりにもかけ離れており，実在するとはとても考えられない。少なくともマジョリティにはなりえない。むしろ，老人には老人らしく静かに余生を送らせてあげるべきではないのか。そう考える人も多いかもしれない。しかし，現実は動いているのだ。

　昨今，人生 100 年を意識した老人論が次々に出版され，人生 80 年以来のブームになっている。文学者や，経営者，社会学者，医師など，多くの人が提言を行っており，それはそれで人生 100 年の老い方を考える上で参考になる（例えば佐藤，上野，日野原，長谷川，出井，和田）。また，90 歳近くなっても生き生きと活躍する老人の実例もマスコミで紹介されている。彼らのようなスーパー老人は特別であり，凡人にはハードルが高すぎるかもしれないが，生き方としては魅力的であり勇気を与えてくれる。

　（＊）最高齢プログラマーの若宮正子さん 86 歳，現役インストラクターの瀧島未香さん 91 歳，筋トレで「元気ハツラツ」の大村崑さん 91 歳が有名だ。いずれも 2021 年現在の年齢。なお，100 歳を超えても撮影を続けていた女性報道写真家の草分け，笹本恒子さんは 2022 年に 107 歳で亡くなった。

　もちろん，先の条件に照らしてみれば，著名人の提言や
スーパー老人の実例はたいてい断片的であったり一面的で
あったりして，一般化できるだけの体系性に欠けているかも
しれない。しかし，たとえそうだとしても，そこでは三条件
の一部が意識的に実践されている。彼らだけではない。ごく
ふつうの老人ですら無意識のうちにそれらの一部に応える形
で行動している。例えば若い世代の支援や育成，あるいは同
世代の老人同士の互助・支え合いは，実際に日本各地の自治
会やクラブなどで当たり前のように実践されている。

　要するに，先の三条件を満たすような老人像は，先駆的な
提言と実例や周囲にいる老人の日常的な実践を「思想」の観
点から反省し，一歩先の将来の形として体系的に言語化した
ものにすぎない。ただし，このように全体的視野と長期的視
点から現実を把握することは思想にのみなしうる仕事であ
る。そして老人論ブームの中で欠落し，したがっていま最も
求められているものこそ老いの「思想」にほかならない。

　とはいえ，問題の焦点はたんなる「老いの思想」ではな
い。むろんこれまでにも老いの思想はあった。『徒然草』を
はじめとする古典がそうである。しかし，それらはすべて寿
命50年を土台にしていた。また，20世紀後半に登場した思
想もそれらの古典を模倣するものばかりだった（山折）。そ
の意味で「寿命100年の21世紀」の老いの思想はいまだど
こにも存在していない。[*]

　　（＊）第6章で取り上げる『ライフシフト』は人生100年時代
　　に正面から立ち向かっているが，思想として見ると十分ではな
　　い。

　それでは，寿命100年の21世紀の老いの思想とはどのよ

うなものであろうか。先の三条件に対する答えの要点を示しながら思想の枠組みの柱を予備的に明らかにしてみよう。

　一つ目の条件は老いの四つのステージを統合する基軸であった。本書の考えでは，老人の基本的な役割は，社会の中で価値あるものとして継承されてきた共有財産，いわば「歴史的社会的共有財産」を先行世代から受け継ぎ，洗練して後続世代へと引き渡すことである。そうやって過去と未来をつなぐことに老人世代は責任を負っている。この世代の責任という観点が老いの四つのステージを統合する基軸であり，「老いの思想」の核心である。

　「歴史的社会的共有財産」とは何か。それは人々が日々の活動を通じて作り上げてきた「生活」の総体のうち，価値があるとして時代を超えて受け継がれてきたものである。それが関わる範囲は広く，経済，共同，公共，文化といった人間的活動のすべての領域にまたがり，環境や物財から，人々の働き方や暮らし方，紛争の処理の仕方や物事の決め方，ものの見方や考え方，組織や制度の仕組み，そして観念や思想にまで及んでいる。なお，人間活動のすべての領域の捉え方については第 6 章で説明する。

　歴史的社会的共有財産は近代国家の成立以降「国民の共有財産」と呼ばれるようになる。それと類似した表現には「公共財産」や「共通善」もある。本書では同じ意味で社会の「みんなのもの（レス・プブリカ）」というタームを一貫して用いる。古代ローマ由来の「レス・プブリカ」の原義は「共通のもの」「公共のもの」である。元来「王なき統治」の意味で用いられたが，キケロによって意味を拡張され，政治体制を超えた「国民のもの」「公共の事柄」「共和国」とされた。この点は第 7 章末尾で言及するが，本書ではそのよう

な「レス・プブリカ」をさらに一般化し，公共領域だけでなく生活の総体に関連づけている。

　社会の「みんなのもの（レス・プブリカ）」に関して付け加えておくべき点が二つある。その一つはみんなのもの（レス・プブリカ）を価値あるものとして継承する基準，あるいは継承に値するものとする基準は何かである。本書の考えでは，一方に領域・分野固有の進化の論理という内在的な基準があり，他方に個人の生活に根ざした幸福感という外在的な基準がある。後者については説明が必要であろう。

　詳細は第5章で説明するが，人々が感じる幸福のエッセンスは「人間的活動に伴う充足感」であり，これを日常生活の危機の中でさらに絞り込むと，「できることは自分でする」，「親密な居場所がある」，「人間として尊重される」，「ささやかな楽しみを持つ」という最小限の活動に伴う，四次元セットの幸福感のミニマムに至る。それを時間軸に沿って言えば，「これまで生きてきて良かったという言葉」，「今の笑顔」，「明日を生きる意欲」の三セットになる。人々の幸福感のミニマムを保障するために集団の慣習や制度はあるが，しばしば個人の幸福と集団の論理が対立する場面が生じる。そのため相互の牽制が必要になる。

　「みんなのもの（レス・プブリカ）」は自己変容しなければみんなのもの（レス・プブリカ）ではない。伝統は新たな意味を吹き込まれて変化して初めて伝統になる。伝統のたんなる墨守とならないために内在的基準だけでなく，外在的基準が必要なのである。なお，みんなのもの（レス・プブリカ）は人類の共有財産とは必ずしも重ならない。「人権」「平等」「持続可能性」などは人類社会に属するが，社会保障の制度は国民の範囲にとどまる。ただし，他の国民との交流を通じ

て国民みんなのもの（レス・プブリカ）は自己変容する。その意味でみんなのもの（レス・プブリカ）は「閉じているが開かれてもいるシステム」である（ルーマン）。

　もう一つは「みんなのもの（レス・プブリカ）」の土台と担い手は何かである。みんなのもの（レス・プブリカ）の継承を支えているのは時を超えた死者集団と生者集団のコミュニケーションである。その土台はコミュニケーションのネットワークとしてのコミュニティであり，具体的な担い手は個人でも民族（国民）でもなく中間にある世代である。

　世代の概念には四種ある。第 5 章で説明することになるが，暦年齢の階層，家族の系譜，同出生年齢集団の三種は社会的広がりと時間的つながりの点でそれぞれ弱点を持つ。集団同士の時を超えたコミュニケーションを担えるのは四番目，「ライフサイクル年代集団」としての世代である。集団ライフサイクルの上で子供集団，若者集団，壮年集団，老年集団があたかも数珠玉のように連なり，そのまま死者集団に続いていく。

　なお，年代集団としての各世代はみんなのもの（レス・プブリカ）を引き継ぎ受け渡すという世代責任を負うが，具体的な役割になると遂行の仕方は各世代で異なり，さらに老人年代集団の場合には四つのステージごとに役割が違ってくる。役割にも異なる水準がある。

　さて，二つ目の条件はポスト福祉国家の改革の担い手であった。豊かな長寿経済と持続可能な社会保障制度を支える上で鍵を握るのは老人世代の働き方であるが，本書ではとりわけ「有償ボランティア」という働き方に注目する。有償ボランティアが老人の働き方としてふさわしく，ポスト福祉国家の改革にも貢献することは，生活概念とその豊かさの意味

の再定義と合わせて第6章で詳述する。

　三つ目の条件は資本主義的市場経済の拡大深化，すなわちグローバル化によって引き起こされた21世紀の課題にいかに立ち向かうかである。生活全体の疎外状況を変えるための有効な方法はここでも，労働でもボランティアでもなく，利潤を求めない「有償ボランティア」という働き方であるが，「有償」を可能にするのは法定通貨とは異なるローカルマネーである。他方，デジタル化はたんなる計算と通信の技術を超えて文化とリアリティの捉え方を根本から変えつつある。老人世代もデジタル化を生活の中に率先して取り入れる必要があり，その際に求められるのはナチュラルなものとデジタルなものとの「創発的共生」という観点である。

# 7　老　成　学

　「老いの思想」は，老人が超高齢社会の主役・当事者・主人公として，ポスト福祉国家の改革に責任をもち，21世紀の課題に立ち向かう中で，人生後半50年の四つのステージにおける異なる役割を統合するための指針である。これによって21世紀の人生100年時代に求められる老人像を具体化する方向は定まるが，枠組みの基礎についてはまだ説明されていない。この基礎は拙著『システム倫理学的思考』で導入されたコミュニケーションの一般理論である。

　コミュニケーションの一般理論では，あらゆるものの関係は，そこで何かがやり取りされている限りコミュニケーションとして見なされる。例えば，素粒子同士もエネルギーをやり取りし，細胞同士も生体分子をやり取りする限り，どちらの関係もコミュニケーションとして捉えられる。それでは人

間のコミュニケーションでやり取りされるものは何か。それが表現の意味の解釈である。

　人間のコミュニケーションの原点となる相互的コミュニケーションでは，コミュニケーションのイニシアティブを取るのは受け手であり，受け手と送り手を交代しながら，双方の心の内部でコミュニケーションが合わせ鏡のように進行し，情報解読，真意解釈，解釈比較，総合評価の四つのステップを繰り返す。ここで重要な点が二つある。

　一点目は，受け手側がイニシアティブをとることから導かれる二つの帰結である。その一つが「見られる／見せる」という視線の交錯の中で生成する美的意識である。これが自己対話を通じて「老いた自己のイメージ」を作り上げる。もう一つの帰結は受け手が語り続ける限り，相手が語れるか，語れないかにかかわらずコミュニケーションは続くということである。そこからコミュニケーションではパートを持たないものはおらず，死者でも，寝たきり老人でも，動物やロボットでも役割を持つという観点が生まれる。

　二点目は，四つのステップの繰り返しから四次元相関の論理が発見され，そこから人間の意味世界が四次元相関として捉えられるということである。解釈を行う心から，幸福感，相互行為，種々の機能システム，組織，経済・共助・公共・文化といった社会領域，理念にいたるまで，すべてが四次元の相関として再構成されることになる。

　人間的活動はすべて相互的コミュニケーションであり，相互的コミュニケーションのネットワークの展開の仕方がその人の生き方になる。この相互的コミュニケーションには二つの軸がある。一つは現在を中心として水平に広がる空間的コミュニケーションの軸であり，もう一つは現在から過去と未

来に延びる時間的コミュニケーションの軸である。両軸が直交する点が個人であり，この個人の背後に世代を担い手とする集団的コミュニケーションの場が広がる。この場の中で継承されるのがみんなのもの（レス・プブリカ）である。

　以上ここまでが本書の序論である。最後に本論の構成を説明しよう。ここでは主題の展開に関連して取り上げる著作を列挙するに止め，老いの思想の内容に踏み込んだ要約は第7章の第4節に回すことにしたい。

　第2章では有吉佐和子の『恍惚の人』を取り上げ，老人介護をめぐる社会の常識を問題にする。介護される側と介護する側は分断，介護の担い手は家族，福祉は施し，ボランティアは無償といった常識を変えるために，老人の自立と互助を総合した「有償ボランティア」という働き方に注目する。『恍惚の人』以外では佐江衆一『老熟家族』や『黄落』，『老後破産』，井口高志『認知症社会の希望はいかにひらかれるのか』，くさか理樹『ヘルプマン』シリーズなどを取り上げる。

　第3章ではボーヴォワールの『老い』を取り上げ，老人の時間的存在と性的存在を掘り下げて考察する中で，老いた自己のイメージを持つために「見られる／見せる」という自他の視線の交錯を美学として捉え直し，さらに他者の視線に死者の視線を織り込むことを提唱する。『老い』以外ではモンテーニュ『エセー』，坂爪真吾『セックスと高齢社会』，永六輔『大往生』，三木清『人生論ノート』などを取り上げて論じる。

　第4章ではバトラーの『なぜ長生きするのか』を取り上げ，エイジズムを乗り越えるためには「できる／できない」の対立構図ではなく，「若さ／老い」の根源が「文化／自然」

あるいは「人間／動物」の根本差別である限り，コミュニケーションでは語れない相手にも役割があるという観点に立つことを提案する。バトラー以外にはシンクレア『ライフスパン』，鷲田清一『老いの空白』などを論じる。

　第 5 章ではキャラハンの『限界を設定すること』を取り上げ，老人医療資源の削減案が老人の自己犠牲を強いる論理に転化することを回避するため，世代とコミュニティの概念を捉え直し，みんなのもの（レス・プブリカ）をふるいにかける幸福感のミニマムを設定した上で，世代の責任の観点から最期の役割を明確にする。キャラハン以外にビンディングとホッへの『解禁』，橋田壽賀子『安楽死で死なせてください』，宮下洋一『安楽死を遂げた日本人』，深沢七郎『楢山節考』などを取り上げる。

　第 6 章では『ライフシフト』と続編の『ライフシフト 2』を取り上げ，経済政策と社会保障制改革を担う老人世代の役割を明確にするために，「生活」とその「豊かさ」を捉え直し，第 2 章で注目した「有償ボランティア」という働き方を問い深める。参考にするのは諸富徹『資本主義の新しい形』，西部忠『資本主義はどこに行くのか』，岩田正美『生活保護解体論』，橘木俊詔『貧困大国ニッポンの課題』，宮本太郎『共生保障』鈴木亘『社会保障亡国論』などである。

　第 7 章では導入としてヘミングウェイの『老人と海』を取り上げ，その古典的な老い方を超える 21 世紀の課題を問題にする。資本主義的市場経済のグローバル化に対しては利潤を求めない有償ボランティアとこれを可能にするローカルマネーに期待をかけ，デジタル化に対しては創発的共生の観点を提起する。そして最後に政治的立場としてみんなのもの（レス・プブリカ）の継承を旗印にする「シルバー共和主義」

を提唱する。ここでは尾関周二『21世紀の変革思想へ向け
て』，大黒岳彦『ヴァーチャル社会の〈哲学〉』，キケロ『老
年について』を論じる。

　いま，21世紀の人生100年時代にふさわしい「老いの思
想」が求められている。この枠組みを明確に言語化するプロ
ジェクトが本書の「老成学」である。この名称は「人生100
年時代にふさわしい老人に成る」に由来する。それでは本論
に入ろう。

# 第2章
# 老人介護をめぐる常識


## 1　原像としての『恍惚の人』

　日本は1970年，いわゆる高齢化社会の仲間入りをした。総人口に占める65歳以上の高齢者の割合が約7％，人数にして約900万人である。高齢化率が高くなった要因として乳幼児死亡率の低下などが考えられるが，長寿化もその一つである。1970年の平均寿命は男性約69歳，女性約74歳である。時代はすでに寿命50年から寿命70年に転換していた。長寿化はその後も進行し，1990年代には寿命80年，2010年代にはついに寿命100年になった。<sup>（＊）</sup>

　（＊）細かく言えば，高齢化率7％以上が「高齢化社会」，14％以上が「高齢社会」，21％以上が「超高齢社会」とされる。日本の高齢化のテンポは速い。1985年以降は10年刻みで5％上昇すると捉えると覚えやすい。1985年10％，1995年15％，2005年20％，2015年25％，2025年30％となる。2021年の高齢者総数は約3640万人，高齢化率は29.1％である。

　長寿化の背後には戦後日本の驚異的な経済成長がある。その経済成長政策と社会保障制度は戦後の日本が選択した福祉国家の両輪をなしている。老人福祉の枠組みができた1963

年から現在まで 60 年が経過した。その間，老人介護はどのように変わったのか。あるいは何も変わっていないのか。変わっていないとすれば，今後はどこをどのように変えていけばいいのか。本章ではこれらの問いに答えてみたい。

　老人介護の 60 年を振り返るとき，その原像ともいえる小説がある。それが 1972 年に刊行された有吉佐和子の『恍惚の人』である。この小説は 1960 年代の後半から 1970 年代の初めにかけて老人介護の現場の実情を取材し，それを踏まえて日本で初めて老人の「社会問題」を本格的に取り上げたものである。むろん老人はいつの時代にもいたが，「社会問題」としては意識されていなかった。『恍惚の人』によって発見されたと言ってよい。出版直後から大きな社会的反響を呼び，140 万部を売り上げた。

　『恍惚の人』の核心に踏み入る前に，まずは小説の粗筋を押さえておこう。

　舞台は東京杉並区の新興住宅地。その一角に立花家がある。当主の立花信利（51 歳前後）は商社の次長，妻の昭子（47 歳前後）は小さな法律事務所の和文タイピスト，一人息子の敏は高校 2 年生である。信利の両親，昭子からみて舅の茂造（84 歳）と姑（75 歳）の夫婦が山形の田舎から上京し，同じ敷地内の別棟に住み出してから 20 年になる。

　物語は，徘徊している舅の茂造を帰宅途中の昭子が見かけた日から始まる。茂造は姑が突然亡くなったことで動転したのだ。姑は口答えすることなく舅の世話に明け暮れてきたが，75 歳で忍従の人生を終えた。同じ敷地内で別居し共稼ぎでもあったため，息子夫婦は姑が亡くなるまで，茂造に呆け症状が出ていたことに気づかなかった。

　主人公は信利の妻，立花家の嫁の昭子だ。彼女は専業主婦

ではなく，当時としては珍しい共稼ぎの職業婦人である。夫は舅の介護をもっぱら妻に任せた。そのため妻のストレスと不満が溜まり続ける。そしてもう一人の，いわば影の主人公が舅の茂造である。明治の男とある。若い時分から周囲に文句ばかりを言ってきた。自分の身体をいたわりすぎ，熱中できる楽しみごとも持てず，ベンベンとして長生きしてきたと形容されている。呆けた舅が亡くなったのは 85 歳である。

　小説には当時の世相を映し出す描写が出てくる。例えば，核家族，ダイエット（言葉はないが内容から），自宅での葬儀，墓地の購入，親子の断絶，学生運動，週休二日制，光化学スモッグなどだ。また，老人の自殺（新聞記事），老人福祉の定期診断，町内の未亡人会，敬老会館（世間体を気にして老人を家から出さない家庭も多いとされる），老人クラブ，老人の恋愛沙汰，老人介護をめぐる暗いエピソードなど，老人に関わる話題も織り込まれている。

　さて，小説の核心は二つある。一つは「老い＝呆け」のイメージ，もう一つは老人福祉制度の実態である。小説を読んだ当時の人々の感じ方に多少とも近づくためにあえて原文を引用する。文中の数字は 1982 年刊行新潮文庫のページ数である。

## 2　老い＝呆けのイメージ

　まずは「老い＝呆け」のイメージである。小説全体に充満しているのは「老い＝呆け＝嫌悪・恐怖・絶望」，「老い＝呆け＝恍惚・動物」，「老い＝呆け＝神・幼児」の三つのイメージである。順に見ていこう。

## (1) 老い＝呆け＝嫌悪・恐怖・絶望のイメージ

老いるということ……は死よりも昏（くら）く，深い絶望に似ている。(p.71)

いつものように起こされて，庭で用を足させながら，こうなるのは嫌だなあとつくづく思った。現在こうして面倒を見ているよりも，三十年，四十年先に自分がこうなるのは嫌だという思いの方が遥かに強い。(p.183)

老いるというのは，そんなに人間を待ち受けているものだったのか。茂造を見ていると，死が怖しいものとは思えなくなってくる。……老いは死よりずっと残酷だ。(p.299)

## (2) 老い＝呆け＝恍惚・動物のイメージ

「子供っていうより，動物だね，あれは」「まあ，敏」「犬だって猫だって飼い主はすぐ覚えるし，忘れないんだから。自分に一番必要な相手だけは本能的に知っているんじゃないかな」(p.156)

今はただ食べることと排泄するだけで，あとはぼんやり潤んだ眼で宙を眺めるか，夢現の境をゆらいでいるだけ……（p.195)

茂造はといえば，昭子が何をしているかも分からぬように，とろーッとした眼を半ば閉じ，半ば開け，夢と現実の境界にある恍惚の世界に魂を浮かばせているようだった。（p.286)

## (3) 老い＝呆け＝神・幼児のイメージ

神になった茂造は天衣無縫で，便所などという汚れた所へ行かなくなった代わり，排泄は時とところを選ばない。（p.371）

　急性肺炎になる前の茂造は五，六歳児の知能だと思える
ときがあったが，病後の茂造は三歳児くらいの知能程度に
なっている。（p.376）

　……昭子がだんだん大声で当たり散らし始めると，茂造
はようやく昭子が自分に話しかけていることに気がついた
のか，明子の顔を見て，ニコッと笑った。その無邪気で
神々しい笑顔の前では，昭子の怒りも虚を衝かれたように
無くなってしまう。（p.410）

## 3　老人福祉の実態

　次は老人福祉の実態である。

　昭子は職業婦人である。徘徊しては警察の厄介になる茂造
を一日中見守ることなどできない。そこで「老人ホーム」を
利用できないかと考え，地域の福祉事務所に電話したとこ
ろ，同年輩の女性の老人福祉指導主事が訪問してきた。主事
が持ってきた「老人ホーム利用案内」には，低所得者のため
の養護老人ホーム，特別養護老人ホーム，軽費老人ホーム，
有料老人ホームの四種類が載っている。このうち「特別養護
老人ホーム」は「ネタキリ老人とか，人格欠損のある方を収
容する施設」だという。

　「人格欠損」の意味が失禁とか，排泄物を食べたり，身体
にこすりつけたりする老人の場合だと聞いて昭子は驚いた。
それに比べれば，軽症ともいうべき茂造は家族の世話を受け
られるから，どのホームであれ利用資格がない。それでは仕
事を持つ昭子は困る。しかし，昭子の必死の訴えを聞いた主
事はこう答える。

「それは分かりますけれど，年寄りの身になって考えれ
ば，家庭の中で若いひとと暮らす晩年が一番幸福ですか
らね。お仕事をお持ちだということは私も分かります
が，老人を抱えたら誰かが犠牲になることは，どうも仕
方がないですね。私たちだって，やがては老人になるの
ですから」(p.309)

　それでも昭子は粘った。家庭の事情などを考慮する軽費老
人ホームはどうか。主事によると軽費老人ホームや有料老人
ホームの収容能力は低く，どこも満員なのだという。それで
は「身寄りのない人が耄碌した」場合はどうするのか。

「そういう方から優先的にホームに送るようにしている
んですけど，そこでも待たなきゃならないので，深刻な
んです。この問題は，寝たきり老人で孤独な方のところ
にはケースワーカーが週に二回，半日ずつ行くのがやっ
とで，喜んでいただいていますけど，まだまだ充分じゃ
ないですね」(p.310-311)

　しかし，昭子はここで引き下がるわけにはいかない。茂造
が徘徊して夜間に警察で保護された話を繰り返すと，主事は
こう答える。

「徘徊は，どこのホームも引き受けないんですよ。とて
も手が足りませんのでね」「それじゃ私は，どうしたら
いいんですか。ホームでも引き取らないような年寄り
を，私一人で面倒見なきゃならないって仰言るんです
かッ」……「本当に，老人問題は今のところ解決の見通

しというのはないくらい深刻なんです。家庭崩壊が起こ
りますしね。主婦の方に，しっかりして頂くより方途が
ないんです」（p.311-312）

　昭子は怒り出しそうになる自分を抑制しながら，医者から
聞いた「老人病」に話を向けると，主事はこう受ける。

　　「立花さん，老人性鬱病というのは，老人性痴呆もそう
　ですが，老人性の精神病なんですよ。ですから，どうし
　ても隔離なさりたいのなら，今のところ一般の精神病院
　しか収容する施設はないんです」……「精神病なんです
　か」「ええ，精神病院へ入れれば鎮静剤を投与するばか
　りですから，結局は命を縮めます。自宅療養が一番望ま
　しいんです。……」（p.312-313）

　主事が帰った後，昭子は考え込む。ここが小説の核心とな
る一節だ。

　　……要するに，老人福祉指導主事は，すぐ来てくれたけ
　れど何一つ希望的な，あるいは建設的な指示は与えてく
　れなかった。はっきり分かったのは，今の日本が老人福
　祉では非常に遅れていて，人口の老齢化に見合う対策
　は，まだ何もとられていないということだけだった。も
　ともと老人は希望とも建設とも無縁な存在なのかもしれ
　ない。が，しかし，長い人生を営々と歩んで来て，その
　果てに老耄が待ち受けているとしたら，では人間はまっ
　たく何のために生きてきたことになるのだろう。……
　（p.314）

## 4　老人介護の常識

　「老い＝呆け」をめぐる三つのイメージのうち，土台となるのは（2）「老い＝呆け＝恍惚・動物」である。そこから（1）「老い＝呆け＝嫌悪・恐怖・絶望」が溢れ出し，また他方，それとバランスをとるかのように（3）「老い＝呆け＝幼児＝神」が甘美な幻想となって漂う。これらのイメージは読者の心に鋭く突き刺さり，強い影響を与えたに違いない。

　もちろん「老い＝呆け」をめぐる三つのイメージは有吉の発明ではない。歴史の中で繰り返し語られてきたステレオタイプである。（3）についても希望を少しでも残しておきたいという心のバランス感覚から付け加えられたのだろうが，これにも歴史的な裏づけがある。しかし問題はそこではない。土台となる（2）「老い＝呆け＝恍惚・動物」のイメージを有吉がどこから得ていたかである。

　その答えは老人福祉指導主事の話に織り込まれている。そこには五つの論点があった。① 家庭の中で主婦の世話を受けることが老人の一番の幸福であること，② 老人を収容する施設の質量は充分ではないこと，③ 徘徊する老人を引受ける施設はないこと，④ 呆けは老人病＝精神病であるから最後は精神病院が頼みであること，⑤ 高齢化が進む中で日本の老人対策は欧米に遅れていることである。

　そのうち④「呆け＝老人病＝精神病」という精神医学モデルこそ「老い＝呆け＝恍惚・動物」のイメージの根源である。文中の別の箇所には「気違い」「精薄並み」という言葉もみえる。第4章でも言及することになるが，当時の老年医学の主流は「呆け」を不可逆的な精神病とみなす「精神医

33

学モデル」をとっていた。要するに「老い＝呆け＝精神病」
だからこそ「呆け＝精神病＝恍惚・動物」のイメージが出現
し，そこから「呆け＝嫌悪・恐怖・絶望」のイメージが生ま
れるのである。

　『恍惚の人』では「精神医学」モデルが医師だけでなく，
老人福祉指導主事のような行政担当者の認識としても定着し
ていることがわかる。それと関連して問題がもう一つある。
「精神医学」モデルの上で「呆け老人＝理解できない人＝問
題行動をする人」を介護する役割が ①「家族」という閉じ
た関係に押し込められていることだ。

　家族による介護という観点から『恍惚の人』を読むと，当
時の日本社会の常識が透けて見えてくる。老人は「希望とも
建設とも無縁な存在」であるからあくまでも介護の対象であ
り，その老人の介護を担う役割はもっぱら家族にあるとい
う，介護する側と介護される側の分断と固定である。そこに
福祉は上からの措置＝施しという見方がぴったりと張り付い
ている。

　『恍惚の人』は当時のそうした常識をそのまま前提にした
上で，「女性＝職業婦人＝主婦」の視点から老人介護の困難
さを訴え，さらに社会制度の不備を指摘しつつも，基調とし
てはあくまで悲観的に嘆くことに終始している。小説の末尾
に学生カップルが登場し，別棟に下宿して茂造の世話をして
くれたおかげで昭子は週に三日だけ仕事に出かけることがで
きたとあるが，とってつけたようなこの話にリアリティは感
じられない。

　「老い＝呆け」の「精神医学モデル」を基礎にした老人介
護の「常識」と，これを前提した上で女性の視点から見えて
くる困難さの強調，そして最終的には悲観的な諦念。有吉

によって老人の「社会問題」はたしかに発見された。しかし，それは直ちに凍結されたと言えるのではないか。『恍惚の人』によって老人介護に対する否定的な評価が一挙に広まり，1970年代にはぽっくり願望が広まることになる。ピンピンコロリという言葉も1980年代の初めに登場する。

　現在から見て『恍惚の人』に欠落していたのは当事者である老人の「思い」である。後述するように1980年代から2000年代にかけて精神医学や介護ケアではその「思い」を発掘する実践が試みられた。2004年からは認知症患者の中で自分から語る人も出てきた。『恍惚の人』は老人の「社会問題」を発見したが，それは周囲の人たちにとっての問題であり，老人自身の問題ではなかったのである。

# 5　家族の変容

　『恍惚の人』は老人や，老い，家族，介護，福祉をめぐる日本社会の「常識」を白日のもとに晒し，女性の視点から介護の困難さを訴えつつ，それを絶望として語ったが，常識そのものを捉え返すところまではいかなかった。それではその後，常識はいつから，どのように変化したのだろうか。

　1980年代前半に家族の変容が社会の表面に露呈し始める。家族の変容は工業先進国に共通する現象であり，その中で日本でも家族論ブームが起こった。1983年の朝の連続テレビ小説「おしん」は，明治から大正，昭和にかけて激動の時代を懸命に生きた女性の物語であり，ここで伝統的な家族はすでに回顧の対象になっている。それに対して伊丹十三監督の「家族ゲーム」は，横一列になって食事をする場面に象徴されるように新しい家族の形を手探りで描き出していた（森下

1999 序章)。

　1990 年代には墓が変容する。墓は死者と生者をつなぎ，家族の結合を象徴するものだ。しかし，家族の変容につれて管理する人がいなくなったことから，厄介者扱いされるようになった（井上）。2000 年代には「千の風になって」がブームを巻き起こし，日本中に響き渡った。それはこう歌う。「私は墓の中にはいない。風となって大空を吹き渡っている。あるいは光となって畑に降り注ぎ，星となって輝き，鳥となってあなたを見守る。私は死んでなんかいない」。鈍重な墓石は不要になった。現在，岡山の山中に墓の墓場があり，そこに日本各地から処理に困った墓石が運び込まれている。

　今日，家族の標準モデルは消失している（森下 2009）。世帯の形としては核家族が戦後一貫して 6 割弱を占めるが，その内部構成は変化している。2020 年現在，単独世帯 30％に対して，核家族は 58％弱であり，この内訳は夫婦と未婚の子 27％，夫婦のみ 22％，一人親と未婚の子 9％である。単独世帯と夫婦のみ核家族が増えているが，これは家族の高齢化を意味している。65 歳以上の高齢者のいる家族は 50％を超える。とくに高齢者の一人暮らしが増えており，2035 年には高齢者の 38％になると推計されている。

　家族の変容に伴って高齢者の意識も変化している。1975年の高齢者はすべて明治かそれ以前の生まれだった。『恍惚の人』にも「明治の男」とあった。1990 年には大正生まれが多数になった。そして 2005 年には昭和二桁以降の生まれが 3 割 5 分を占めた。世代の違いは意識の違いに表れる。アンケート調査では「子や孫と一緒の生活が良い」は 1980年で 6 割あったが，2005 年には 35％に減った。「たまの会話程度で良い」は 1980 年には 7％弱だったが，2005 年には

約15％になった。高齢者に限らず，日本人は理想としては家族の絆を求めるが，実際の結合感覚はかなりゆるやかになっている（湯沢・宮本）。

　以上の家族の変容を背景において今度は老人介護の実情に視線を向けてみよう。ここで取り上げるのは佐江衆一の二冊の小説である。その一冊，1985年の『老熟家族』は1986年に「人間の約束」（吉田喜重監督）として映画化された。もう一冊は1996年の『黄落』である。

　『老熟家族』の粗筋はこうだ。老夫婦が故郷を離れ，都会の息子一家のところにやってくる。しばらくして老母に呆け症状が出る。嫁との関係が悪化し，老父が世話をするが苦労する。さらに老父にも呆けの症状が出てくる。それにつれて息子夫婦の関係も悪化する。家族の危機に関係者が苦悩する中で老母が亡くなる。どうやら他殺のようだ。老父が自首するが，話の辻褄が合わない。誰が殺したのか。

　この小説は救いようのない介護の状況が安楽死殺人をもたらすという悲劇的な物語である。そのほぼ10年後の『黄落』では介護する息子の視点から介護の実情と心理が丁寧に描かれている。粗筋を辿りながら『恍惚の人』と比較してみよう。

（1）老父は92歳，老母は87歳である。『恍惚の人』ではそれぞれ84歳と75歳だったから，10歳ほど高齢化が進んでいる。これは寿命70年と寿命80年の違いを反映している。

（2）介護の担い手は還暦間近の息子夫婦である。妻は夫である息子が担うべきだと考え，それを態度に表している。そこからやがて夫婦仲が悪くなり，離婚寸前の状態

に陥る。それに対して『恍惚の人』では義父母の世話を
妻が担うことが当然視されていた。この違いの背後には
家族の変容がある。

(3)　他方，介護される側の老夫婦の関係も冷え切ってい
る。老母に対する老父の思いやりが欠けている点は『恍
惚の人』でも同じだが，『黄落』では老母が夫である老
父を決定的に嫌い，痴呆症を装って首を絞め，道連れに
しようとさえする。

(4)　特養の空きがない点も同じであるが，老母が死去し
た後，老父は民間の老健施設に入ることができた。施設
はそれなりに充実しているようだ。そこがどの施設にも
入れなかった『恍惚の人』との違いである。

(5)　老父は老健で短歌づくりを通じて女友達ができるが，
息子によって強引に引き離されてしまう。老人の色恋沙
汰に否定的な点は『恍惚の人』と変わらない。

　ここまで『恍惚の人』を基準にして二つの小説を読んで
みた。驚くことに，介護や老後の捉え方は 1990 年代半ばに
なっても，1972 年の頃と同様に否定的なままである。介護
する息子の側は「子供夫婦の世話にはならない」と固く決意
している。また，老人の内面が描写されることもなく，相変
わらず外側から否定的に見られている。要するに，『恍惚の
人』が白日の下に晒した常識が基本的に変わっていないの
だ。これが介護保険法の施行前の状況である。

## 6　老人福祉制度の変遷

　今度は常識の背後にある老人福祉制度の変遷を概観してお

こう。

　戦後の 20 世紀型福祉国家はケインズ型経済政策とベヴァレッジ型社会保障を両輪とする。日本でも経済成長と連動して社会保障制度が整備されていく。生活保護法は 1950 年，国民皆保険・皆年金法は 1961 年，そして老人福祉法は 1963 年の施行である。こうして整備された老人福祉制度を前提にして老人介護の実情を描いたのが『恍惚の人』であった。

　『恍惚の人』の影響があったかは定かでないが，1973 年の老人福祉法改正によって老人医療が無料化された。その結果，特養には入れない老人が一般病院に溢れるようになった。1970 年代半ばの構造不況を受けて 1980 年代には経済政策が低成長路線へと転換される。この中で 1982 年施行の老人保健法によって無料化が廃止され，その穴埋めとして特養と病院をつなぐ老健が設置された。

　1980 年代後半にはマネーが国内に還流し，土地価格の高騰や株投資の熱狂を引き起こした。しかしバブルがはじけた後，1990 年代には経済不況に陥り，公的資金の度重なる注入によって財政が逼迫する。こうした中で 1997 年に成立したのが介護保険法である。この法の狙いは，介護に保険原理を導入することで，老人の福祉と医療を一本化して財政破綻を回避するとともに，家族介護を社会で支えることにあった。そして 2000 年に施行された。

　長寿化は 2000 年代になっても止まることなく進行した。保険料の不足を補填するため国庫負担が増大し，それでも足りず保険料が値上げされる。2006 年の介護保険法改正では要介護と要支援に区分された。要支援は介護保険から除外され，要介護も収入に応じた応能負担から利用額に応じた応益負担に切り替えられた。他方，家族と事業所と行政をつなぐ

地域包括支援センターが設置され，融通性の高い小規模介護施設も認められた。その後も改正のたびに制度の手直しが続いた。2014 年には老人保健法が廃止され，代わって後期高齢者医療制度が作られ，老人の負担増が求められた。

　保険原理を公的資金で支えるという制度設計の矛盾は深まる一方である。それに伴い，2000 年代後半から 2010 年代にかけて，老人層の貧富二極への分解が目立ち始めた。いわゆる「老後破産」の進行である。そこで今度は老人の生活の実態を詳しく見ておこう。ここで下敷きにするのは『老後破産　長寿という悪夢』（2015 年）である。文中の数字はそのページ数を表す。[*]

　（＊）以下の説明ではこの本の中の統計だけではなく，それを補うために 2020 年前後の統計も用いる。出典は総務省人口動態調査，厚生労働省，財務省，社会保障・人口問題研究所，OECD 経済審査報告のホームページである。

　老後とは，老いる前の生活に対して老いてから以降の生活をいう。また「破産」とは，年金で暮らしていた老人が，病気や怪我など誰にでも起こりうる日常生活の些細な出来事をきっかけとして，自分の収入だけでは暮らしていけなくなる事態を指す。しかし，なぜ老後になって初めてそうした事態に陥るのだろうか。

　「老後破産」には大きく分けて二つの要因がある。一つは世帯の収入が減少していることだ。バブル崩壊以降の 20 年間，働く世代の年収は下がり続けている。老人の場合も例外ではなく，一人当たりの年金収入が減り続けている。もう一つは全世帯の単身化が進行していることだ。家族の変容の節で見たように，とくに一人暮らしの老人が急増している。

　まずは世帯収入の減少から見ていこう。働く世代の平均年収は1990年代に一世帯あたり650万円を超えていた。しかし，2012年には550万円を下回り，300万円以下が3割を超えている。とりわけ年収200万円未満の「ワーキングプア」は1000万人超になる。そのため親の年金を当てにして共倒れするケースや，逆に引きこもりの子の面倒を老親がみる8050問題が増えている。日本人の多くの世帯で生活を支える力が弱体化しているのだ。

　ただし，平均値だけでは細部を把握できない。そこで2020年の20代-50代の男女別中央値を見ると，女性で246-289万円，男性で250-456万円になる。雇用形態が多岐に渡るから一概には言えないが，日本人女性の半数が年収300万円を下回っている。

　他方，「相対的貧困率」の国際比較で見ると，日本は15-16％程度であり，G7のうち米国に次いで最悪の部類に入る（OECD経済審査報告2017年）。もちろん日本にはこれまでに蓄積されてきたインフラや文化資産，治安の良さ等があり，「豊かさ」の指標にそれらを組み込めば話は違ってくるだろう。しかし，少なくとも収入に関しては確実に貧しくなっている。日本人の全体が貧富に二極化する傾向にある。

　次は二つ目の単身化である。既述のように2020年の一般世帯の3割近くが一人暮らし（単独世帯）であった。人口にして約1500万人である。そのうち高齢者の一人暮らしは約700万人になる。高齢者全体のほぼ5分の1弱だ。2035年には高齢者の38％が一人暮らしになり，とくに東京では44％になると予測されている。

　夫婦で暮らせば2人分の年金でなんとか生活を維持できるが，一人暮らしになると年金収入が減る。2012年，一人暮

らしの老人の全体から，生活保護受給者70万人と預貯金などの十分な蓄えのある人を引くと，ざっと200万人余が120万以下で生活している計算になる。

　生活保護については第6章でも取り上げるが，支給額には条件によって多少の幅があり，単身者の場合は年に150-120万円程度になる。問題は自宅や預貯金のある一人暮らしの老人の場合である。彼らはたとえ150万円-120万円以下の収入であっても，生活保護を受ける条件から外れてしまい，老後破産に陥ることになる。

　要するに，老後破産の背後にあるのは年金収入の減少と一人暮らしの急増である。この状況下では病気や怪我などが重なって医療費や介護費を支払えなくなると，生活保護水準以下となって破産することになるのだ（p.13）。

　しかし，日本には先に見たようには社会保障制度のセーフティネットがあるではないか。もちろんあるが，問題はその仕組みが現実に対応していないことなのだ（p.11）。社会保障制度の仕組みを簡単におさらいしてみる。

　まずは1950年施行の生活保護法である。日本の社会保障の四本柱は，⑴社会保険（医療・年金・介護・雇用・労災），⑵公的扶助，⑶保健医療・公衆衛生，⑷社会福祉（老人・保育・児童・障害者・母子家庭）である。このうち⑵公的扶助が生活保護に当たる。生活保護には生活扶助と住宅扶助のほか，必要に応じて医療，介護，教育，出産，生業，葬祭に対する扶助が含まれる。老人の場合は医療費と介護費が大きなウェイトを占める。

　生活保護（生活扶助＋住宅扶助）費は最低生活費に相当する。最低生活の貧困水準を決めることは難しい。その水準をめぐって戦後日本では試行錯誤が繰り返された。現在は一般

国民の消費水準の約6割程度，つまり一般低所得世帯の消費水準に落ち着いている。ただし，それは消費水準に連動するため近年ではわずかに減少傾向にある。基礎年金，雇用保険，最低賃金，課税最低限などの基準は事実上，生活保護のうち生活扶助の水準に準拠している。

　生活保護の支給額を具体的に見ておこう。大都市部の単身者では月13万円程度（生活扶助約8万円＋住宅扶助約5万円），年にして150万円ほどであり，地方の単身者では月11万円，年130万円程度である。また夫婦では16万程度になる。これらに医療費や介護費が加算される。さらに必要に応じて母子加算や児童加算もある。以上の水準より収入が下回るとその分の差額をもらえることになる。

　生活保護受給者は2008年のリーマンショック後に急増し，2020年4月段階で163万世帯約206万人を数える。高齢者は約90万世帯であり，そのうち一人暮らしの高齢者は83万人になる。これは一人暮らしの高齢者の8％強にあたる。残りの大半は年金収入だけで切り詰めた生活をしている（p.16）。なお，昨今の新型コロナウイルス感染の余波で受給者はさらに増えている。

　生活保護受給の実態調査によれば，東京都港区の場合，老人のほぼ32％が年150万円以下，約12％が400万円以上，残り45％がその間にいる。他方，山形の農村部では老人の54％が120万円以下であった。地方の貧困の方が深刻である（p.62-63）。

　次は1961年施行の公的年金制度である。これは三世代同居が当たり前だった時代の産物であり，一人暮らしの老人は想定されていない（p.111）。三世代同居の率でみると1980年の60％が2013年に10％になっている（p.110）。1985年

には基礎年金と厚生年金（公務員は共済年金）の二階建てに改正され，学生を含めて国民全員加入となった。ただし，国民（基礎）年金は生活扶助の水準に準じているため，満額でも 6 万 5 千円を超えない。

　続いて 2000 年施行の介護保険制度である。1963 年の老人福祉法では公費負担（福祉原理）であり，1982 年の老人保健法から一部自己負担（社会保険）となったが，老人介護は実質的に家族による自助努力に大きく依存していた。2000 年施行の介護保険法は保険原理に市場サービスを加え，サービス利用時には 1 割負担となる。しかし，保険料を滞納したか，要介護度が低いか，利用時に 1 割を支払えない場合，介護サービスを利用できない（p.64-65）。独居で年金暮らしの老人にとって介護保険料の支払いは重い負担となっている（p.71）。

　最後は介護施設である。年金収入（150 万円以下）だけで入所できる公的施設が決定的に不足している。「特養」では待機時間が長い（これは大都市部の場合であり，地方ではスタッフ不足のため閉鎖された施設もある）。リハビリ中心の「老健」では短期滞在以外に長期入所も可能だったが，2021 年に是正通達があった。民間有料老人ホームは月 15 万円以上の費用がかかり，とくにサービス付き高齢者向け住宅（サ高住）では高額になる。軽費老人ホームは劣悪な環境のところが多い（p.140-141）。結局，年金だけで入所できる公的施設の不足が，かえって生活保護受給者を増やす結果となっている（p.163）。

# 7　認知症老人の思い

　2022 年の現在，老人福祉法からほぼ 60 年，『恍惚の人』
からは 50 年が経過している。その間，老人介護をめぐる常
識は変わったのだろうか。「老人＝役に立たない者」，「老人
＝世話される側」，「介護＝家族の役目」，「介護される側と介
護する側の役割固定」，「介護＝福祉＝施し」，「福祉＝利潤な
し＝無償のボランティア」という常識は，残念ながら基本的
に変わっていないと言わざるをえない。東アジア世界のバッ
クボーンとなった『孝経』の理念（イデオロギー）は二千年
の時を隔てて 21 世紀の日本でもしっかりと息づいている。
　とはいえ，介護の現場では常識を変える動きが少しずつだ
が広がっている。ここでは二つの著作を紹介する。一つは認
知症患者の「思い」に寄り添う実践に注目した井口高志『認
知症社会の希望はいかにひらかれるのか──ケア実践と本人
の声をめぐる社会学的探求』（2020 年），もう一つは介護現
場の常識を大胆に打破する若者の姿を描いたコミック『ヘルプ
マン』シリーズ（くさか理樹作）である。
　まずは井口の著作から始める。前述のように 1970 年以前，
老年医学の主流は「呆け」を不可逆的な精神病とみなす「精
神医学モデル」を採用していた。このモデルの上で「呆け老
人＝理解できない人＝問題行動をする人」を介護する役割が
もっぱら家族という閉じた関係に託されていた。
　1980 年代から 1990 年代にかけて，「問題行動」に対する
取り組みに関して二つの方面で改善が試みられた。一つは症
状の医学的な捉え直しである。中核症状と周辺症状に分けた
上で周辺症状に対するアプローチが模索された（小澤）。「呆

け＝対処できる疾患」という捉え方は介護する家族に対して介護の意味を納得させた。もう一つは従来の宅老所の延長線上に位置する実践である。在宅と施設の中間形態である小規模多機能型の介護施設の中で一人ひとりの患者の思いに寄り添う実践が模索された。

　井口によれば，これら二方面の試みは従来の医療・介護に対するドラスティックな批判というより，ささやかな改善の取り組みであり，マイナスの地点を当たり前の水準に戻す試みである。

　1990 年代から 2000 年代にかけて，「問題行動」の背後にある「思い」が課題の焦点として浮上した。本人の中で物忘れを避けたいという「思い」と物忘れを受け入れざるをえないという「思い」が葛藤している。本人の「思い」と介護する家族の「思い」が交錯している。さらに認知症の種類の違いや程度の違いもある。以上を考慮するなら，誰のどのような思いに寄り添うかというセンシティブな課題になる。

　2000 年の介護保険制度は「寝たきり」老人の「自立支援」を目標にした。「寝たきり」に対しては介助の積み重ねによってある程度は対処できる。しかし「呆け・痴呆」の場合の見守りは昼夜を問わない。「寝たきり」の陰に隠れていた「呆け・痴呆」にようやく光が当てられたのは 2004 年以降のことだ。「呆け・痴呆」の場合の目標は「尊厳の保持」である。その頃，自分自身の「思い」を語る認知症患者が登場し，その思いに寄り添うコミュニケーション労働がケア労働として位置づけられた。

　2005 年の段階では認知症患者を包摂する介護には二つの動きがあった。一つは個別ケアから地域ケアへという動きである。この例がデイサービスである。もう一つは医療から

予防への動きである。ここで軽度認知症（MCI）に注目された。しかし，予防できなかった場合にどうするかという課題が残った。

この課題をめぐって2010年代には二つの方向の実践が見られた。一つは，「する」こと（活動）を通じて「ある」こと（居場所）を作る方向である。ただし，「する／ある」という枠組みでは重度化した場合，「できなくなる」時点で別の場所に移るしかない。もう一つは，そのまま「ある」ことを全面的に受け入れる方向である。しかし，無際限のケア労働を支える制度的裏づけがない。なお，この「できる／できない」とか「する／ある」という枠組みについては本書の第5章でコミュニケーションの観点から検討する。

2018年前後にはさらに新たな試みがあった。一つは震災の時の助け合いを参考にしてその延長線上に当事者が「する」ことを拡大・多様化する試みである。この実践例が認知症フレンドリーコミュニティである。もう一つは認知症の当事者の「思い」に基づいて「症状像」を変更する試みである。井口によれば今後の課題の焦点は重度の認知症患者への対応になる。


# 8　『ヘルプマン』の描く未来

続いて『ヘルプマン』シリーズ（『ヘルプマン！』『ヘルプマン!!』『ヘルプマン!! 取材日記』）を取り上げる。物語は2000年の介護保険制度施行の直前から始まり，2000年代から2010年代の介護の現場が舞台である。登場人物は生き生きとしており，描写には臨場感が漲っている。このシリーズは制度の20年間を内側から描いた貴重な資料である。

　さて，主人公は恩田百太郎。1999 年段階では 18 歳。勉強は全然好きでないが，人としての心根の優しさがあり，ジジババと話をするのが趣味という変わり者だ。幼馴染の神崎仁の後を追い，高校卒業を待たずに介護の世界に飛び込む。そしてジジババを笑顔にするために介護現場の常識をぶっ壊していく。その百太郎が介護のパトス面を体現しているとすれば，もう一人の主人公の仁は切れ者で先見の明があり，ロゴス面を体現している。ただし，物語の本当の主人公はジジババたちである。

　百太郎と仁の目的はただ一つ，老人たちの笑顔，生きてきてよかったという言葉，介護する側の笑顔を引き出すことだ。そのために提案されるのが，老人の自立と自治，老人同士の互助，地域の人たちの支え，老人の自立を実現する福祉ビジネス，制度を補完する有償ボランティアの仕組み，そして地域の持続可能なネットワークである。これらは常識の対極にあるアイデアばかりだ。その一端を表す珠玉のフレーズを以下に拾い集めてみよう。なお，引用に際して『ヘルプマン !』をⅠ，『ヘルプマン !!』をⅡ，『ヘルプマン !! 取材日記』をⅢで表す。アラビア数字は「話」番号である。

### （1）介護をめぐる常識

　「小銭をばら撒けば国が黙って何とかしてくれると考えている。介護保険制度をおかしいと思いながら国民は黙って従っている。この国はどうあがいても沈むよ」。「介護予防が始まって 17 年。それでどんな成果があった？　介護は『してあげるもの』という高慢な固定観念が不具合の元凶。これにどうしても気づくことができなかった」。「年寄りが知らない人のお世話になることにあそこまで遠慮するとは。金銭が

絡むことに地域の住民があそこまで拒否感を持つとは」。「人助けなら無償で」。「自分たちでは何も変えようとしない。決して火のつかない，湿って腐ったワラ。それがこの国の一般ピーポー」。「介護とは何か知らない社会全体の無知。運営企業も入居者本人も辛抱を当たり前と思い，家族も何も言わないし，考えない。近隣住民もそんなものと思っている。介護を悲惨なものだとみなす思い込み。監督官庁である県庁の無知が最も責任重い」。「高齢化社会をきっかけに起こると危惧されるのは，非道な状況に馴れ，やがて何も感じなくなる，人間性がぶっ壊れた社会」。（Ⅰ 18–20，Ⅰ 26–27，Ⅱ 8–9，Ⅲ 1–3）

### （2）老人の自立

「お年寄りは廃棄物ですか？　社会の役に立てなくなったら，人間らしい生活をしちゃいけないのか？」「誰でも歳をとればオムツをつける。お互い様，でかい顔をしていればいい」。「つながれた犬みたいな人生好きか？　オレはまっぴらだ。つなぐのもつながれるのも」。「お年寄りは諦めたくて人生を諦めているんじゃない。『生きていて良かった』というセリフを聞きたい」。「ジジババはオレたちに飼われているわけではなく，ここで暮らしている。禁酒，テレビも9時までというルール。一緒に遊んで何が悪い。競馬観戦，ビデオ。そうすれば深夜の徘徊も止まる」。「高齢者は必然で老いているわけではない。我々周囲の社会が老いさせている」。「老後はお迎えを待つだけの時間ではない。いっぱい頑張って生きてきたご褒美の時間」。「極楽には生きているうちに行かなくては意味がない」。「人生の最後に百太郎に会えて，老いても役立たずになっても笑っていきたいと思うようになった」。

「年寄りという生き物はどこにもいない。今の自分の延長線上」。「介護の人間は死ぬことにいちいち答えを見つけたがるが，理屈なんかいらない。日は沈むんだよ。ただ黙って見ててくれりゃいいんだ。そして一生懸命生きればいいの」。（Ⅰ2，4，6，10，13，14，15，Ⅱ6，7）

### （3）自治と互助

「この施設の一番の関係者はわたしたち入居者です」。「年寄りが本音を胸にしまってきたため職員が迷い悩んできた」。「共同生活を気持ちよく営むための最低限のルール。お仕着せのルールと自分が作ったルールとの違い」。「入所者だって一人前に気兼ねや遠慮もある。甘えるのも辛い」。「年寄りはできれば人様の世話になりたくない。年寄り同士で助け合うのが一番いい。ジジババネットワーク」。「認知症の独居老人でも一人で暮らせる。ちょっと手助けするだけでいい」。「施設は仕方なく選ぶ最後の手段。誰でも，犬猫でも，自分の住処にいたい。想い出がいっぱい詰まったマイホーム」。「人助けはみんなでちょこっとずつやるんすよ」。（Ⅰ7，14，15，18，19，20）

### （4）介護の本来の役割

「ヘルパーはオムツを替えて風呂に入れるだけの介護マシンではない」。「介護は考える杖。老人がしようとしていることを感じ取って手を添える」。「家族は頑張りすぎてはダメ。できるだけ楽に。そのためにプロがいる。家族の笑顔が一番」。「ヘルパーの仕事は生きる意欲を掻き立てること。何気ないコミュニケーションによってその人の歴史を拾い集め，食事などの支援を通してその人の人生そのものに関わる」。

「世話を焼くのがヘルパーの仕事じゃない。世話なんかしなくてもいいようにするのが仕事」。「人生をクリエイトする創造的職業という介護本来の豊かな姿」。「小さなことでいいからできることを探す。その過程がその人を尊重すること。しかもそれが介護給付の抑制にもつながる」。「もう嫌だ，早く死にたいというのと，自分にもまだできることがあると考えるのでは，その後の経過に天地雲泥の差がある」。「生きる力は介護でなければ与えられない」。（Ⅰ 2，17，Ⅱ 8，9，10）

（5）認知症の捉え方

「認知症が増えたら何か問題ですか。むしろみんな幸せになるかも。オレは認知症のジジババが大好きなんで失敗しても笑ってくれる」。「人ってのはどんなに抜け殻みたいに見えても笑いたい，幸せになりたいと心の中では叫んでいる。幸せになる力を持っている。認知症でも頭は少々故障していてもハートは壊れていない」。（Ⅰ 25，Ⅱ 1）

（6）介護ビジネスの未来

「奉仕の輪だけでは介護を受ける人は永遠にお荷物のままだ」。「奉仕の精神だけでは社会は潤わない。対等で健全なギブアンドテイク。ちょっと見返りをもらう。介護のおかげでみんなが美味しい世の中」。「本人たちが望むことを引き出して支える。サービスは上からの施しじゃダメなんだ」。「趣味や娯楽，生きる歓びの部分に保険が使えたら，それこそ介護予防」。「年寄りがワクワクするようなサービス。年寄りはしょぼくれているという概念をひっくり返す。キラキラとしたばあちゃんで満たす革命。サービスを受ける年寄りが主体者。社会全体でサポートしないと現場が潰れるから地域づく

り」。「この町ではどこに行っても介護の手があるひとつの
でっかい介護サービス事業者。それぞれの店が単独または共
同で介護士を雇うか，店主自身がヘルパー資格を取るか」。
「顔の見える関係が網の目のように広がる血の通った地域づ
くり」。（Ⅰ 22，24，24）

### （7）有償ボランティアという働き方

　「乗り合いはボランティアでも商売でもない，支え合いだ。
支えることで支えられ，自らの手で持続可能な地域生活を実
現する起爆剤」。「いずれは何もできなくなる時が来る。でも
今はまだできる。ちょっとした移動手段を持つだけで。自分
の意志で自分の能力を発揮できる」。（Ⅲ 1，2，3）

　本章では『恍惚の人』から『ヘルプマン』にいたる老人福
祉の 60 年，あるいは老人介護の 50 年を駆け足で見てきた。
常識は基本的に変わっていないが，今後は変わる兆しがあ
り，希望を持てる。この変化を後押しするためには家族の変
容や人口減少や認知症をポジティブに捉え，その中に未来に
つながる可能性を見出していくことが必要だろう。その鍵と
なるのは老人の自立や互助，私の考えではとりわけ両者を総
合した「有償ボランティア」という働き方である。それを軸
にして老人自身が「老いた自己のイメージ」を作り上げるこ
とが，いま求められている。

# 第3章
## 老いた自己のイメージ


## 1　ボーヴォワールの『老い』

　フランスは 1960 年代末，高齢化率 12％となり，スウェーデンと並んで高齢社会の直前まで迫った。しかし，社会は老齢を恥部とみなして拒絶し，老人の悲惨な境遇にはまるで関心がなかった。その中で大半の老人が貧困，孤独，病気，絶望で苦しんでいた。この状況を「社会問題」として批判し，社会改革に向けて檄を飛ばしたのがボーヴォワールの『老い』（1970 年）である。(＊)この章では『老い』を手掛かりにして老いの時間と老人の性愛について考察し，それを通じて「老いた自己のイメージ」を持つための観点を探る。なお，文中の数字は邦訳のページを表す。

　（＊）Simone de Beauvoir, *La Vieillesse*, Gallimard, 1970. いま改めて『老い』を読み返してみてもボーヴォワールの洞察力には驚かされる。彼女になぜそれが書けたのか。哲学者だからか。男性のサルトルは書かなかった。女性の哲学者だからか。アーレントも書かなかった。フェミニズムの観点と人文学の素養と日常性の自己省察が稀有なかたちで邂逅したとしか言いようがない。彼女は 62 歳で『老い』を出版し，サルトルを看取った後，78 歳で亡くなった。

# 第3章　老いた自己のイメージ

　『老い』には二つの柱がある。その一つが老人問題は「社会問題」であるという認識枠組みである。この背後には老人が人間らしく生きられない資本主義的な文明社会に対する怒りがある。もう一つが生物学・文化人類学・社会学・歴史学・思想史・哲学など，多方面から老いにアプローチする方法である。この方法は二つの視点に分かれる。社会的カテゴリーとして老人を捉える外側からの視点と，老人自身の実存を問い直す内側からの視点である。

　ボーヴォワールは生物学を下敷きにして「老い」を生命システムの不可逆的な「衰退」と捉える（ボーヴォワールp.17）。この衰退には白髪，顔の皺，筋力の低下，膝の痛み，物覚えの悪さといった心身機能の低下が避けがたく伴う。ところが人は他者には「老い」を認めるが，自分には認めようとはしない（p.334）。「衰退」に対する心理的抵抗に加えて，「苦・不幸」のイメージがそこに重ねられているからだ（p.20）。

　それにしても「老い」はなぜ「苦・不幸」のイメージを喚起するのだろうか。それは社会が「老い」を否定的に評価し，その結果として老人が悲惨な境遇に苦しんでいるからだ（p.6，251）。根本にあるのは「老い」に対する否定的評価である。ボーヴォワールはその背景として以下の三点を指摘する。

　まず，社会集団はそもそも存続に役立つ機能には価値をおき，そうでない機能には価値をおかない。一般に生産力（労働力）は存続に役立つ。それゆえ生命力に溢れる若者には価値がある。他方，再生産（出産）力のある女性にも価値がある（p.48）。しかし，生命力が衰退した老人は生産力としてもはや役に立たないから価値はない。ただし，未開社会や伝

統社会がそうであるように，記憶や経験が存続のために重要な機能となっている集団では老人は尊重される。

　次に，階級社会の段階では所属の違いに応じて老人の待遇が異なってくる。古代ローマのように特権を持った老人は元老として君臨したが，若者にとってはライバルであり邪魔者であった（p.131）。そこから老人に対する尊敬と軽蔑という矛盾した態度が生じる。また，中国は祖先崇拝を背景にして老人一般が尊敬の対象となった稀な社会である（p.104-105）。他方，特権を持たない老人は役立たずのたんなるお荷物とみなされ放置された。

　そして，近代の資本主義的市場経済では人間が労働力商品となる限り，商品価値の低い老人は廃品扱いされた（p.112）。ここでは「老い＝無価値」の観点が単純なまでに強化される（p.250）。そのため裕福な老人が利潤を生む商品として優遇される一方，大多数の貧しい老人は無視され，非人間的な境遇に甘んじることになる。

　以上の歴史を背景に持つ現代文明では，「老い＝無価値」の観念が自明視され，これを前提にして「老い＝衰退」と「老い＝苦＝不幸」が強固に結びつくことになった。今日，人は老いを自分とは無関係の異物とみなし，そのありのままの姿を直視しようとしない。しかし，どんなに自分自身の老いの姿を嫌悪しても，もはや後戻りができないという感情は年ごとに膨らんでいくのだ（p.356-357）。

　実感できない老いの現前（現在）は老人を不安にする（p.356）。ボーヴォワールによれば，老人とは背後には長い人生をもち，前方にはきわめて限られた存続の希望しか持たない者のことである（p.427）。老人にとって過去は「実践的惰性態」として動かし難く，未来は短くかつ閉ざされている

（p.448）。「二重に有限な未来と凝結した過去」のあいだをさまよう不安の現在。これがボーヴォワールの捉えた老いの時間の根本構造である。

　不安におののく老人は確かな拠り所を求めて過去の栄光や習慣に向かう。第 7 章でも取り上げることになるが，ヘミングウェイの『老人と海』の主人公は無気力な人生を拒否し，勇気や忍耐という男性的価値に最後までこだわり続ける（p.371）。男性に顕著に見られる性的欲望への偏執もその一環である。例えばヴィクトル・ユゴーにとって老いは威信と至高の権威であり，運命の完璧な成就を意味したが，娼婦館への入り浸りはその延長線上にあった（p.390 以下）。

　しかし，過去へのこだわりはものの見方の固執と硬直をもたらす。また，欲したことをできなくなると（p.374），苛立ちや，徒労感，倦怠感が溜まり続ける。しかも有限な未来がどんどん閉じてゆき，時間が狭まってくる。そのとき生じるのが焦燥感であり，屈辱感，無益感，そして後続世代の人々の中にひとり取り残される孤立感である。そこにさらに貧窮と病気が加わると不安はますます膨らみ，無力感がいっそう激しくなるのだ（p.548）。

　老人の問題行動や，怒り，節度のなさ，反社会的振る舞いは，すべて不安な現在に発する自己防衛の表現である（p.550）。そして最終的に生きる意欲が消え失せるのだ（p.521）。老人を待っているのは非人間的な死だけである。

　ボーヴォワールは老人の非人間的な状況を鋭く批判し，総合的な視野に立って人間と社会の向かうべき方向を指し示した。老人自身が老いという「人生の哀れなパロディ」から逃れるために必要となるのは生きる意欲を掻き立てる「投企」（p.484，580），つまりは人生に意義を与える目的の追求であ

る（p.637）。そして社会は老人の人間らしい投企を実現するべく作り変えられなければならないのだ（p.639）。

## 2　時間的存在と性的存在

『老い』は 20 世紀の寿命 70 年時代にいち早く反応し，「老人問題」を「社会問題」として捉え，これを総合的かつ本格的に考究した著作である。ボーヴォワールは「老い」をめぐる論点を網羅的に取り上げて連関づけている。その理論的枠組みは 50 年前のものではあるが，その後に続く研究のプラットフォームとなっている。

とはいえ，21 世紀の寿命 100 年時代の現在から見ると，『老い』には先駆的であるがゆえの問題点がある。それは論述全体を主導する実存主義の思想的立場に起因する。これに関連して二点を指摘しておきたい。

一点目は「投企」の内容に関わる。ボーヴォワールも強調するように老人が生きる意欲を持つことはきわめて重要であり，そのために人生に意義を与える目的を追求すること，つまり，自分の有限性を知り，それを引き受けながら自分を乗り越えることに喜びを見出すことが求められる。この点に異論のある人はいないだろう。ただし，問題はその内容である。

結論部では「個人，共同体，公共福祉への貢献」，「社会的・政治的な仕事」，「知的・創造的な仕事」があげられている（p.637）。ただし，そのうち唯一具体的なのは芸術や思想の価値の創造の例だけである（p.484）それ以外の活動は唐突に登場し，しかも具体性に欠ける。もちろんそれらの活動を寿命 80 年時代のアクティブ・エイジングの先駆けとして

位置づけ直すこともできないわけではない。しかし，たとえそうだとしても，21世紀の寿命100年時代の老人に「ふさわしい」活動としては不十分である。この点については改めて第6章で掘り下げる。

　二点目は「社会変革」に関わる。ボーヴォワールは老年期においても人間であり続けるための社会を要求する。これも極めて妥当な主張であるが，残念ながらここでも具体的内容がなく，たんなるスローガンに終わっている。例えば彼女はパリ市内の救済院の非人間性を鋭く批判するが，老人福祉制度の改善を具体的に提案しているわけではない（p.297）。第4章で取り上げるバトラーならはるかに具体的で詳細な改革案を提出できるだろう。

　以上指摘したように『老い』に重大な欠点が含まれてはいる。しかし，それと同時に，欠点を上回るだけの重要な意義がある。それは，「老い」の思想の核心にある二つの問題を哲学的に深く考察しているからだ。二つの問題とは老いの時間と老人の性愛である。老人の時間的存在と性的存在と言い換えてもよい。むろん後述するようにボーヴォワールの考察が完璧だと言うのではない。実存主義の個人の見地が考察を限定しているためだが，たとえそうだとしても『老い』の持つ意義は寿命100年時代でも変わらない。時間的存在から先に考えてみよう(*)。

　　（＊）時間的存在は年齢，性的存在は性別に関係する。そして年齢は社会の時間区分であり，性別は社会の空間区分である。とすれば，時間と性愛の問題を個人の次元から社会の次元に拡張することは可能であるし，また必要でもあろう。社会次元への拡張が超高齢社会の未来構想につながる点は第6章で論じる。

## 3　時間感覚の相対性

　ボーヴォワールは時間感覚の相対性を指摘する。時間は老人と子供では同じようには流れない（p.442）。歳をとるにつれて時間は急速に進むが，子供にとっては逆に時間は長く感じられる（p.443）。なぜか。ボーヴォワールは三つの理由をあげる（p.444）。生涯の長さと圧縮率の関係，記憶の細部の豊饒さ，それに期待と連動する近未来の変貌である。それぞれ検討してみよう。

　まず，生涯の長さを同じように圧縮すると，5歳の子供にとって一年は5分の1，50歳の大人にとって一年は50分の1になる。つまり，子供の時間感覚は大人の10倍である。そのため大人の一年は短く感じられ，子供時代を振り返るとそのときの一年はずっと長かったように思われるわけだ。ただし，この説明が当てはまるのは子供時代と比較のできる大人に限られるだろう。

　子供自身の経験に関係するのは次の記憶の細部の豊饒さである。私の解釈を加えてパラフレーズすれば，時間の流れ方の違いは一定時間内にどれだけ動き回り，それが経験としてどれだけ記憶されているかに左右される。要は活動の充実度もしくは精神の働きの回転数の差である。

　例えば，旅先であちこち動き回った一日は，後から思い出せば長いエピソードの連続になるが，動いているその瞬間は稲妻のように過ぎるものだ。集中しているときの活動は密度が濃い。つまり精神が高速で回転しているからだ。ただし，充実度に必ずしも快感が伴うとは限らない。不快なトラウマということもある。

　同じことは一つの場所で仕事をしている場合でも言える。一定のテンポで動く時計を基準にしていると，ふと気がついたときには「もうこんな時間か」と時の経過に驚く。逆に，精神が弛緩しているとき，時計を見ると「まだこんな時間か」となる。充実していると時間が足りずに短く感じるが，後から思い返すと映像が次々と浮かんでくる。逆に，その時々の活動が弛緩し空虚だと，思い出すべきことが何もなくあっという間に終わる。

　要するに，充実度または精神の速度の差が時間の流れ方の違いを生み出すのだ。子供は日々新しい経験をしている。毎日が刺激に満ち溢れ，始終感動している。つまり充実している。それに対して老人は一般に変化に乏しく刺激がない。精神の時々の働きが単調で緩慢であるため感動が起こらない。その結果，記憶に残らないから思い出せないし，後で思い出しても何もなく空虚に感じるのだ。

　とはいえ，空虚な時間をやり過ごすのは老人だけでない。子供でも同じはずだ。老人だから空虚ということはない。この点をボーヴォワールは見逃している。時間は活動の量と質に左右される。老人であってもどのような活動をするかで違いが生じる。(*)

　（＊）空間の大きさの感覚について同様のことが言える。子供のときは広く遠く感じた場所が，大人になってそこに行くと狭く小さく感じられる。第6章で後述するように私はコミュニケーションの視点から活動を捉えている。活動とは何かのやり取りとしてのコミュニケーションであり，時間はやり取りの密度＝回転数，空間はやり取りの広がりを意味する。

　三つ目は未来の捉え方の違いである。子供や若者は未来だけを見ている。未来は無限に続き，前途に洋々たる可能性が

60

広がるように想像する。それに対して老人の未来は短くかつ限られている。背後には累々たる過去が続き，社会の変化のスピードに付いて行けない自分がその過去に投げ込まれるように思われるのだ。

　ボーヴォワールによれば，老人の直面する状況の根底にあるのが，限られた未来と凝結した過去のあいだをさまよう不安の現在という時間構造である，この時間構造を前提にするなら，たしかに子供と老人の時間の流れ方の違いは絶対的に見える。しかし，活動の充実度に焦点を合わせるなら違いは必ずしも絶対的ではなく，むしろ相対的になる。

　ボーヴォワールのいう老いの時間構造は老いの時間の捉え方としては一面にすぎないのではないか。この点を次節で検証してみよう。結論を先に言えば，実存主義の個人の視点の狭さが限界として浮かび上がるはずだ。

# 4　モンテーニュの享楽主義

　ボーヴォワールのいう「不安の現在」の背景には「老い＝無価値」という隠然たる常識があり，これが背後から「老い＝衰退」と「老い＝苦・不幸」の結合を支えている。その結果，現在の不安から過去のへ固執や，硬直，できないことへの苛立ち，徒労感，倦怠感，焦燥感，屈辱感，無益感，孤立感，無力感などが生じ，さらに不安に対する自己防衛として怒りや，節度のなさ，反社会的振る舞いがあたかもパンドラの箱から飛び出すように出現していた。

　しかし，「老い＝無価値」という常識を括弧に入れてみれば，老人の心理や行動も異なった様相を見せ，時間の意識も違ってくるのではなかろうか。この点を確認するために，

ボーヴォワールが「ありのままの老いを見つめた」と唯一
評価しているモンテーニュの思想を参照してみよう（p.184-
185）。なお，以下の論述は保刈瑞穂の『モンテーニュ私記』
（2003 年）と『モンテーニュの書斎』（2017 年）に全面的に
依拠している。引用にあたっては『私記』『書斎』のように
区別する。

　モンテーニュは終生一貫して人間を空虚，多様，定めの無
い存在と捉えている。そしてその空しさに対してはストア派
流の禁欲でも，ピコ・デラ・ミランドラ張りの神的変身でも
なく，あるいはパスカルの如く神を待ち臨むこともなく，む
しろ多様さと多彩な変化を尊重しつつ，人生を惜しみ，与え
られた現在の瞬間を精一杯，誠実に享受しようとする。

　また，死後についても終生一貫して，人間の一生は永遠の
夜の果てしない流れの一閃光にすぎず，人が死んでも世界は
何一つ変化することなく，宇宙の闇は果てしなく広がると捉
えている。これは万物の生と死が永遠に循環するというルク
レティウスの思想を彷彿とさせる。

　モンテーニュは第 1 章で引用したように初老を 40 歳とみ
なし，老衰していく自分のことをやりきれなく感じている。
そして老いを厭う心境を率直に語っている。曰く，老いは
顔よりも精神にいっそう多くの皺を刻みつける。老いて酸っ
ぱさも黴臭さも感じさせない精神を見たことがない。あった
としても極めて稀だ。人間はその成長に向かっても，衰退
に向かっても丸ごと進んでいく（『書斎』p.320）。何という
変貌を毎日，何人もの知人の上に刻んでいることか（『書斎』
p.308）。このようにモンテーニュにとっても老いは晴れやか
な青春と対比されて暗いのだ（『書斎』p.313）。

　しかし，モンテーニュはその厭わしい老いをむしろ積極的

に享受しようとする。「日常の生活を誠実に享受する中で小さな愉みをつかむ機会があれば諦めない」(『書斎』p.314)。「老境にあっても人生を楽しむ。人の二倍楽しんでいる。重みの点で引き延ばしている」(『私記』p.235)。「人生は最後の老境にあってさえ，価値のある快適なものだ。死ぬのを厭わないことが見事にふさわしいと言えるのは，生きることを楽しむ人たちだけである」(『書斎』p.366)。老いのこのような受け止め方がモンテーニュ流の享楽主義の真髄なのである。むろん老いを享受するためには体力とともに精神を眠らせずに鍛えることを忘れてはならない(『書斎』p.313)。

　老いの中で病気になるのは人間の定めである。モンテーニュの方針は病気に耐えることだ。「老人の境遇には病気が付き物だ。避けられないことは耐え忍ぶことを学ぶべきだ」(『書斎』p.341)。「人は見事に歳をとると，風雪に耐えた大樹にも似た存在になる。その人がいるだけで大きな安らぎを感じ，その人を知ることで生きることに力を得る」(『私記』p.262)。

　病気の末に人は死ぬ(『書斎』p.340)。死についてはこう言う。「自然治癒力が尽きるときが人間の寿命が尽きるときだ。医学はその自然に逆らって寿命を伸ばすことはできない」(『私記』p.262)。「生きることを楽しむものにとって死ぬことは不満ではない」(『私記』290)。「死は生の末端だが目的ではない，生はそれ自身が目的である」(『書斎』p.367)。「人間の幸福は幸福に生きることであって，幸福に死ぬことではない。それまでの平凡でも幸福だった生き方にふさわしく死ねればいいのだ」(『書斎』p.369)。

　最期の迎え方についてはどうか。「人々は互いに支え合う権利があるが，他人の上に重たくのしかかって破滅させてま

で支えてもらう権利はない」(『書斎』p.322)。「老衰になると孤独でいるべきだ。私の目障りな姿を世間の目から隠し，自分ひとりで抱え，閉じこもり引きこもるのが道理というものだ」(『書斎』p.323)。そして「最期はひとりで死んでいきたい。こっそり人目につかず，この世から立ち去る」(『書斎』p.377)。これは静かで孤独な死，私だけの死である。「死にも私の人生の安楽と快適さを与らせてやりたい。死の床を少しでも居心地の良いものにするために」(『書斎』p.374-375)。モンテーニュにとっては孤独死も享楽主義の徹底なのである。

　以上をまとめると，モンテーニュにも老いを厭う気持ちはある。しかし老いは自然であり，時間は現在である。その限り老いの日常を楽しむために精神力を鍛え，死ぬまで一緒懸命に生きる。病に耐えた人を大樹に喩え，幸福な生き方にふさわしく死ねればいいと考える。彼の享楽主義は節欲を旨とするエピクロスの快楽主義とも異なるし，ましてや 8 で後述するように枯れることを理想とする老年学的超越とは対極にある。


## 5　もう一つの時間構造

　モンテーニュは後期ルネッサンスのユマニストであり，寿命 50 年時代のフランスの貴族として生涯を送った人である。公人として社会の内乱に巻き込まれながらも，私人としては日常の平穏な生活を一貫して守った。モンテーニュの老いの時間の感じ方と比較するとき，ボーヴォワールのいう時間構造の特殊性が浮かび上がる。

　まずは時間構造の「現在」について。モンテーニュは老い

の現在を二倍楽しみ，重みの点で時間を引き延ばす。彼にとって老いは若い頃と比べて好ましいものではないが，それでいて充実している。日常の生活に穏やかさがあり，ボーヴォワールのように現在は不安でも不安定ではない。したがってモンテーニュの心は凝結した過去と短く閉ざされた未来のあいだをさまようことはない。つまり，ユマニストの現在は実存主義者の現在ではないのだ。

　次に「未来」について。ボーヴォワールによれば老人の「未来は短くかつ閉じている」。短さに関して寿命100年では30年以上も続くが，彼女の前提にある寿命70年では老後は15年前後しかない。だから単純に比較するとたしかに短い。しかし，未来の長短の感覚は本人の活動の密度次第である。単調な日々を緩慢に過ごしている人にとってその時々は長くても，老後全体を振り返ればあまりに短いのだ。モンテーニュはこう言う。「もっとも美しい魂とはもっとも多くの多様さと柔軟さをもった魂のことだ」（『書斎』p.318）。そして「魂の偉大さは日常生活の非凡さの中に発揮される」（『書斎』p.342）。他方，「閉じている」ことに関して93歳のジョウン・エリクソンは，90歳を超えると失われるものが増える一方で，新しく獲得されるものもあり，人生の新しい境地が拓かれ，見える風景が変わるという（エリクソン p. vii, 186）。未来は決して縮んでいくだけではない。

　最後に「過去」について。モンテーニュは幼少時からギリシャ・ローマの古典思想によって薫陶され，生涯を通じて過去の著者たち，例えばプルタルコス，ソクラテス，ルクレティウスらと対話を続けた。過去の古典は読み手側の解釈の変容とともにその相貌を変える。後世の解釈者とのあいだでコミュニケーションが続く限り，過去は生きており変化する

のだ。つまり，過去は決して物質まがいの「実践的惰性態」
ではない。

　ボーヴォワールの前提には実存主義思想がある。それは
「過去＝実践的惰性態＝物質＝本質」に対する「未来＝自我
＝超越＝実存」という枠組みで世界と人生を捉える。しか
し，そこには個人の直線的な前進しかない。人生とはそのよ
うなプロジェクト＝投企の一本筋の直線的な軌跡なのだ。そ
してそれを断ち切るのが死である。つまり頓死だ。

　ボーヴォワールは死についてこう言う。死は世界の中の私
の存在を無にする。死が近づくという観念は抽象的かつ一
般的な知識であって，他者の視点に基づくものだ。しかし，
本当の老いや死は実感不可能である。死は存在しない。老
人は生にしか関係を持たない（ボーヴォワール p.518-520）。
「死とはこの世における不在であり，私の内部の不在なのだ」
（p.521）。ここでは死と生が見事に断ち切られている。しか
しはたして死は「不在」を意味するのだろうか。

　モンテーニュは若い頃から人一倍，死に恐怖を抱いてい
た。ところが後年，馬から落ちて瀕死の状態になった際，薄
れゆく意識の中で死は恐くなく，むしろ甘美とすら感じた。
それ以来，死ぬことに煩わされず，最後まで生きることを楽
しむようになった。そのモンテーニュがこう言うのだ。「死
者に対してはいっそう心遣いを篤くする。不在だからこそな
おのこと手厚く心を込めて友情と感謝を支払ってきた」（『書
斎』p.279）。死者は物理的には不在であるが，コミュニケー
ションの中では不在ではない。かつての親友は生物学的には
消えてしまったが，コミュニケーションの中にいつでも存在
しているのだ。

　ボーヴォワールの直線としての人生と対極にあるのがエリ

クソンのいう「ライフサイクル」である。人生は老年段階
に至って完結する（ただし，これをヘーゲル流の発展・完成
とは違う意味で捉える必要がある）。各年代には固有の課題が
あり，老年には老年の課題がある。課題の解決を役割として
受け止めるなら，老いの四つのステージに応じて四つの役割
がある。それだけではない。死んでからも生者とのコミュニ
ケーションの中に存在すると考える限り，死者にも死者なり
の役割があることになる。この点は改めて最終節で言及しよ
う。

# 6　性愛の欲望と行動

　続いて老人の性愛あるいは性的存在について考えてみた
い。

　ボーヴォワールは老人と女性を比較し，老人は社会的カテ
ゴリーとしては女性よりも客体であると言う（ボーヴォワー
ル p.102）。女性は歴史の主体ではないが，男たちの争いの象
徴であり，歴史の原動力となった。むろん社会の再生産には
不可欠である。それに比べると老人は何の役にも立たない。
ただし，年老いた女性はかえって醜さが強調され，嫌悪と恐
怖の対象となった（p.142-143, 172）。

　老いにも性差がある。男性であれ女性であれ，生命力の衰
えは心理的にはなかなか受け入れがたいものだ。とりわけ自
分の老いを快く思う女性はいない。老いた女性がめざすの
は「可愛いお婆さん」である。それに対して男性の場合，征
服主体としての力と知性に重点が置かれ，その意味での美
しい老人がめざされる。そこから老年性自己愛が生まれる
（p.350）。

## 第3章 老いた自己のイメージ

　ボーヴォワールはフロイトに依拠して人は老いてもあくまで有性の個人であると捉える。老化は生殖腺が退行し，生殖機能が減退することであるが，性愛は生殖機能に限定されない。生エネルギーは性エネルギーなのだ（p.375）。ストア派流のモラリストは情欲の消滅を理想としたが，真実に近いのは男性では「助平爺」，女性では「淫乱婆」である（p.374, 378）。とするなら，老人の性愛について問うことは，生殖性の優位が消滅した人間が自己と他者と世界に対していかなる関係を取り結ぶか，どのような関係を選ぶかを問うことである（p.376）。

　とりわけ男性の老人の選択は，性愛に期待するものと「老いた自己のイメージ」に対する態度との両方によって決定される（p.381）。ボーヴォワールは性生活が高齢まで持続した例を延々とあげている。性的不能は欲望を除外しない（p.400）。あのモンテーニュもまた奔放な性愛のファンタジーの中に想像力を遊ばせていた。「人は老いるとやることもなくなり，体調も悪くなる。恋愛はそんな思いから私の気を逸らせてくれる」（『私記』p.243）。恋愛にはファンタジーだとしてもリアルな相手が必要である。

　しかし，性的想像力が行動に移されると現実世界では「問題行動」になる。1972年の『恍惚の人』では老人の色恋沙汰が周囲の顰蹙を買った。1996年の『黄落』でもそれは汚いもののように扱われ，頭ごなしに別れさせられた。老人，とくに施設入所の老人の性的行動はタブーとなっている。[*]

　（＊）2018年，私が研究仲間と一緒にドイツのデュッセルドルフにあるカトリック系の介護施設を見学した際，同行者が老人の性行動の有無と対処について施設のスタッフに質問した。そのときのスタッフの顔が今でも忘れられない。彼女は嫌なこと

を聞かれたかのように顔を顰め，そんな場合には問題を起こした男性の老人を追い出しますときっぱりと断言したのだ。

　そのような現状に対して果敢に挑戦したのが『ヘルプマン!!』である。主人公の百太郎は施設長に向かい，老人にも性欲があり，入所者同士の性愛を認めるよう訴える。しかし，ラブホテルに老人カップルを連れて行き，男性の方が持病のために死亡するという騒動が起こる（Ⅰ6, 7）。この話の顛末から問題解決のための道筋を浮かび上がらせてみよう。

（1）老人が生き生きと輝き，人生の最後まで自分らしく生きることは，老人本人も，そしてむろん介護する関係者も望んでいることだ。そのためには生きる意欲が必要であるが，生きる意欲は好きなことをする自由から生まれる。とすれば，介護老人に恋愛・性愛の自由を保障するのは当然のことである。

（2）しかし，世間は介護老人を生きる意欲が枯れ果てた可哀想な生き物というカテゴリーに収めたがる。この常識が背後にあるために法律の仕組みも整備されていない。性行動はリスクがあり，トラブルの元である。一旦トラブルが起これば，既存の法律の枠内で責任が厳しく問われることになる。

（3）それゆえ，高齢者の性行動は関係者にとってジレンマであり，頭痛の種である。介護する側は責任を負いたくない。そこでリスクを避けるため自由よりも安全を優先して入所者を管理する。管理に慣れてしまうとそれが当然視され，管理はさらなる管理を生む。他方，管理の中

　　で生きる意欲を抑え込まれた老人もまた仕方なくそれに
　　従う。
(4)　それでは，現状を打開するにはどうしたらいいのか。
　　家族や施設側としては徒らに老人の性欲を刺激しない
　　が，人として当たり前のことをあるがままに認めること
　　が求められる。他方，どうしたいかを老人自身が決め
　　る。それは性行動に限らないが，自分らしく生きるため
　　の方法を自分で考え，あるいは自分たちで話し合い，家
　　族や施設側と話し合ってルールとして定めるのだ。その
　　ために老人の自立と自律，そして入所者の自治が必要と
　　なる。


　老人は必然的に無気力のまま無規律に老いているわけでは
ない。我々周囲の社会がそうさせているのだ。しかし，たと
えそうだとしても，老人たちはいつまでもお客様ではない。
超高齢社会の当事者であり主人公である。（*）そうだとすれば，
『ヘルプマン』シリーズが示唆するように，またボーヴォ
ワールも指摘したように，自分の性的存在を「老いた自己の
イメージ」の中に組み込むことが老人に求められる。次節で
はそのような組み込み方を具体的に提案している二冊の本を
取り上げてみたい。

　（*）日本にデイサービスを導入したのは老年精神科医の長谷
　川和夫である。その彼が認知症になってデイサービスを利用し
　た際の話が示唆的である。彼は持ち前の社交性を発揮してゲー
　ムに参加したが，途中で疲れてしまい，最後はふさぎこんでし
　まった。そして自宅に帰るなり家族に対して「僕はもう二度と
　行かない」と宣言したのだ（長谷川・猪熊）。また，第1章で
　紹介した施設の事例では，デイサービスで数人の男性がゲーム
　の輪に参加せず，壁際に座って肩越しに睨むように見ていた。

　この二つの話に共通するのはお客様扱いである。これが問題の根本にある。園児並みのお遊戯を拒否するのではなく，生きる意欲を掻き立てるようなメニューを自分たちで作って提案すればいいのだ。

# 7　見られる／見せる美学

　最初に取り上げるのは坂爪真吾の『セックスと高齢社会「老後の性」と向き合う』（2017年）である。坂爪は「生と性のつながり」を確認した上で，老人の日常の現場，とくに風俗の世界に身を置いて考え，実践的な提案をする。そこに著者独自のスタンスがある。

　風俗の現場の中から何が見えてくるのか。穏やかな老父婦とか枯れた老人というイメージがいかに実態に即していないかということである。それはあくまで理想化された作り話であって現実ではない。実際にはむしろ少なからずの老人が孤独と無縁に苦しみ，性に飢えて悶々としているのだ。

　そこで坂爪は提案する。まず，元気で自立した老人の場合は風俗を利用するか，別のパートナーを見つければよい。パートナーはバーチャルでも構わない（p.140-141）。次に，障害を持つか，寝たきりや車椅子の老人の場合は合理的な仕組みが必要である。自分では性処理ができないから，その介助を専門のヘルパーに依頼する。これは昼の福祉と夜の風俗の連携になるが（p.179-183），じつに思い切ったアイデアだ。

　とはいえ，坂爪によれば，そのような利用や合理的仕組みは問題解決の必要条件にすぎない。肝心なのは老人の心の持ち方である。性に関して自分なりの信念を持ち，それを老い方の中に組み込むこと，そしてそれを老人最後の大仕事にす

ることが大事なのだ（p.209-210）。それではもう一歩踏み込んで，そのためには具体的にはどうしたらいいのだろうか。手掛かりは「美学」（p.210）にある。

　この美学のヒントを授けてくれるのが永六輔『大往生』（1994年）である。刊行当時は寿命80年時代を迎え，「死のブーム」があり，安楽死や尊厳死，ホスピスなどの話題に事欠かなかった。この本には日本各地の巷から拾い集められた庶民の知恵が軽妙な語り口で紹介されている。200万部を超える大ベストセラーとなったのも頷ける。出版時60歳だった永六輔は83歳で病没した。

　彼もまたボーヴォワールやフロイトと同様，性欲（肉欲）と「助平」は違うと捉える。性欲は生物的な土台だが，助平は人間らしさの表れである。男性の助平に対して女性は「可愛いお婆さん」である。要は，老人は死ぬまで有性的存在であり，どんなに歳を取っても男は男，女は女というわけだ。その上で「老いた自己のイメージ」に関連して永六輔は以下のフレーズを書き留めている。


　　　美しく老いる努力をすれば，美しく気品のある老人になれる（p.23）。
　　　若者から「歳をとったらああいう老人になりたい」と憧れられるのが本当の老人（p.30-31）。
　　　老人は文鎮たれ。そこにあるだけで役に立っている（p.31）。
　　　ただ死ぬのは簡単だ。死んで見せるからこそ意味がある（p.66）。
　　　淋しさと虚しさに耐えれば，穏やかに死ねる（p.67）。
　　　死ぬとは宇宙とひとつになることだ（p.67）。

　生き方ばかりでは最後は役に立たない。最後の迎え方
のイメージが必要だ（p.70）。

　日本の庶民の多くは深い友情関係があれば安心して穏
やかに死ねる（p.131）。

　安心して穏やかに死ねることが安楽死だ（p.131）。

　死に際に家族のために死んで見せる。家族のために死
というものを教える（p.174）。

　生まれてきてよかった，生きてきてよかったと思いな
がら死ねることが大往生（p.196）。


　これらのフレーズの中心にあるのが「死んで見せる」とい
う考えである。そもそも性的存在は「見せる」「見られる」
という関係で成り立つ。特定の相手や周囲から魅力的に見ら
れるようにいかに見せるか。この見せるための作為が美学で
ある。生きることは性的であること，性的であることは魅力
的に見られるように見せること，魅力的に見せるためには実
際に魅力的になること，つまり美しく生きることなのだ。

　老人でも同じである。魅力的な有性の老人に見えるように
自分を見せること。老人からも若い人からも「ああいう老人
に成りたい」と憧れられる人になること。そのような魅力の
ある有性の老人として生きてきた時間の積み重ねが背景に
あってこそ，死に際に「死んで見せる」という自信が生じて
くる。そこから死に際に死んで見せ，死ということを家族や
周囲の人に教え，人生を見せて学んでもらうという姿勢が生
まれるのだ。[*]

　（＊）この最近の実例は稀代のプロレスラー，アントニオ猪木
　である。その姿は多くの人に生きる勇気を与えた。

　要するに，性的存在を「老いた自己のイメージ」に組み込むためには，「見せる」「見られる」という美学が不可欠である。老いた人間の美学において生と性と死がつながる。魅力ある有性の老人という自己の美的なイメージが性的存在と死に至る時間的存在の融合を可能にするのだ。

　ただし，この美学はまだ生者同士のコミュニケーションの中にある。死は生の側に留まっている。しかし生は死を通り抜けて死者とつながる。モンテーニュは亡き親友やソクラテスとたえず対話していた。生者とだけでなく死者とのコミュニケーションにも生きていた。老いを味わい尽くす享楽主義の生き方もそこに深く根ざしていたのだ。


## 8　死者とのコミュニケーション

　時間的存在は生者を超えて死者とのコミュニケーションにまで延び広がる。とすれば，ここに生者と死者のあいだに老いた自己の美的イメージを組み込むような老人像が浮かび上がる。美学に注目して振り返ってみると，これまで二つのタイプの老人モデルがあった。

　一つは寿命50年の時代の「超越モデル」である。それは『徒然草』や『葉隠』のようにいつでも死ねる用意をし，良き死に方をすることに美を求め，徒らに生き延びることを恥とする。その現代版がユングに倣うトーンスタム流の老年学的超越である。これは東洋の仙人のように枯れることを理想とする（エリクソン p.185）。しかし，現実の老人は枯れない。いつまでも性的存在であり続ける。

　もう一つは寿命70年と80年の時代の「投企モデル」である。これはボーヴォワールのように自己実現のために挑戦

する生き方に美を見出す。あるいは 1990 年代のアクティブ・エイジングでも同様である。このタイプは次章で取り上げるバトラーに代表されるが，美はあくまで良き生き方にある。しかし，働けなくなったとき，あるいは自分の身の回りの世話もできなくなったとき，老人はどのように生きていけばいいのか。今日，生き続ける意欲を失った老人たちが安楽死に救いを求めている。

　寿命 100 年時代の新たな老人像は美を通じて生と死を統合する。他者に見せる，他者から見られるという美的な視線が，死者から見られる，死者に見せる，死んでからも生者から見られる，死んでからも生者を見ているという美的な視線によって包み込まれる。ここに浮かび上がるのは死というより具体的な死者の観点である。<sup>（＊）</sup>

　　（＊）山崎章郎は『在宅ホスピスという仕組み』（2018 年）の中で，人が人間らしく死ぬためには心の拠り所となる他者がいることが必要だと書いている（p.199-201）。その他者は死者ということもある。

　死者の観点をさらに掘り下げるために三木清の『人生論ノート』冒頭章の「死について」を参照してみたい。三木はその中で「死の観念なしには生の全体を捉える思想は生まれない」と書いている。ここで死の観念の中身は「死者の生命」である。彼は寿命 50 年を前提にして考えているが，死者の捉え方は寿命 100 年時代にとっても参考になる。

　私の解釈では三木思想の枠組みは「虚無」「現実・生」「絶対的なもの」の三次元からなる。『人生論ノート』の各章は「虚無」から形成されたフィクショナルな「現実・生」の諸相を論じている。その中で「死について」の章だけは「死者

の絶対的な生命」と「絶対的な伝統主義」を論じ，「絶対的なもの」に触れている<sup>(＊)</sup>。

（＊）後年の『親鸞論』を参照すると，「絶対的な生命」とは具体的には親鸞という存在，「絶対的な伝統主義」とは浄土門の「御同朋御同行主義」あるいは「兄弟主義」を指していると解釈できる。また「最後の手紙」には西田哲学が東洋的現実主義の典型であり，西田を超えなければ将来の日本の哲学はないと記されている。そこから浮かび上がるのは「歴史の中を貫く絶対的なもの」という見地である。この見地は日本の形而上学思想の中で空海の密教哲学や禅的な西田哲学とは異質なる第三の可能性を切り拓いていると解釈できる。

まずは「死について」を要約する。

（1）近頃，死に対して恐怖心が薄らぎ，平和・落ち着きを感じるようになった。

（2）病気の回復に健康を感じる現代人は，本来の健康も本来の古典主義の精神も知らない。

（3）死の平和の心境は健康的で古典的であり，老熟した精神の徴表である。

（4）死の平和が感じられて初めて生のリアリズムに達する。これは孔子に代表される東洋の智慧であり，死に対する無関心を特徴とする。

（5）しかし，死の観念がなければ現実・生に対立する思想は生じない。この典型はキリスト教の影響を受けた西洋思想であり，東洋には同じ意味での思想はない。

（6）親しい死者との再会を希望するのは愛への執着があるからだ。

（7）作者である死者の生命を信じてこそ作品の伝統を信

じられる。

(8) 過去の死は絶対的であり，死者の絶対的な生命が絶
対的な伝統主義を支える。

(9) 歴史主義や進化主義を含む近代主義は死の観念を持
たないため相対的である。

　ここでは死者の生命が三つの次元で捉えられている。すな
わち，(6) 死後の再会を希望する情愛の次元，(7) 作品の解釈
を通じて交流する精神の次元，(8) 人生の究極の意味を与え
てくれる信仰の次元である。そのうち「死者の絶対的生命」
は信仰の次元に属する。

　ただし，三木のいう「死者の生命」は生物学的生命を意味
しない。ここで押さえておくべきは「リアルである」こと，
つまり「リアリティ」の意味である。この意味には少なくと
も次の四つの事柄が含まれている。第一は「もの＝所有物
res」，第二は「ものごとの実情」，第三は「形而上学的実在
＝真理」，第四は「ものごとの立ち現れ＝現実感＝真実」で
ある。それでは「死者の生命」はそのうちのどれか。

　ここでもモンテーニュに登場してもらおう。彼は古典の解
釈を通じて死者と対話した。問いかけに死者は応えるが，彼
の死生観では死者は生物学的には生きていない。宇宙の塵で
ある。しかし，それでもコミュニケーションの中で死者は現
実感を持って立ち現れる。これは四番目リアリティである。
死者と生者のコミュニケーションの中に死者はリアリティを
持って立ち現れる。三木の場合もその線で捉えることができ
る。

　生者同士のコミュニケーションを包み込む生者と死者のコ
ミュニケーション。生者同士だけでなく死者からも見られ

る，死んでからも生者から見られるという，死者とのつながりの中での「見せる」「見られる」視線の交錯が，魅力ある生き方，恥ずかしくない生き方，つまり人生の美学を背後から支える。とりわけ老人の場合，死者の視線を組み込んだ「自己」のイメージが生きる意欲を掻き立て，世代としての責任を担うことを内側から支えることになる。

　しかし，三木では見落とされている死者のリアリティの次元がもう一つある。それが無数の無名の人々によって技術が継承される制作の次元である。この次元を含めて改めて全体を展望するとき死者個人の背後に死者集団が浮かび上がる。死者と生者のコミュニケーションの背後には死者集団と生者集団のコミュニケーションがあり，その中で総体としての「生活」とその「みんなのもの（レス・プブリカ）」が継承されることになる。なお，「生活」概念については改めて第6章で論究する。

# 第4章
# エイジズムの乗り越え方


## 1　バトラーのエイジズム批判

　先進工業国では 1960 年代後半から 1970 年代にかけて一斉に老人が「社会問題」となった。社会問題が時代の「社会意識」を映し出すとすれば，ここに新たに登場した社会問題は寿命 70 年時代の社会意識である。この背後には第二次世界大戦後の世界で同時進行した経済成長があり，それと連動して整備された社会保障制度がある。

　もちろん寿命 50 年の時代にも老人はいたし，例えば姥捨や隠居のような老人問題も生じていた。しかしここでいう「社会問題」では，長寿で健康な老人が大量に出現する中で，核家族化・単身化によって家族の介護力が弱体化し，それを補うために社会保障制度のさらなる充実が求められる一方，長生きすることの意味が問われている。つまり，問題の性格が従来とは大きく異なるのだ。

　当時，老人の「社会問題」を正面から受け止めた著書が相次いで出版された。本書の第 2 章と第 3 章で取り上げた日本の『恍惚の人』やフランスの『老い』がその代表例である。そして高齢化率 10%，2000 万人の老人を抱えた米国で

ベストセラーになったのが，ロバート・バトラー（Robert N. Butler）の『なぜ長生きするのか？米国で老いるということ』（1975年）である。なお，引用はパラフレーズし，文中の数字は邦訳版のページを表す。<sup>(*)</sup>

　（＊）原題は *Why Survive? Being Old in America*（Harper & Row Publishers, Inc., 1975）である。翌年にノンフィクション部門でピューリッツァー賞を受賞した。日本語版『老後はなぜ悲劇なのか――アメリカの老人たちの生活』は1991年，上下二段488頁で刊行された。

　バトラー（1927-2010）は「老年学の父」と称される。1968年に「エイジズム」（老人差別）の名称を創り，老年精神医学の現状を批判し，本書を刊行した後，米国老化研究所の初代所長としてアルツハイマー病の啓発運動を展開した。アメリカの医学校に初めて老年医学科を設立したのも彼である。彼が提唱した「プロダクティブ・エイジング（生産的な老い方）」はその後の老年学の方向を決定づけた。

　そのバトラーは開口一番，アメリカ人の老後は「悲劇」だと言う（バトラー p.4）。老いて死ぬからではない。老後になると不必要なまでの苦痛，侮辱，無気力，孤独で苦しむことになるからだ。その背後にあるのが「エイジズム（Ageism)」，すなわち「歳をとっている」という理由だけで人々を組織的に一つの型にはめて欄外に押し込める老人差別である（p.15）。老人に対する一切の偏見や固定観念はそこから生じる。<sup>(*)</sup>このような環境にいれば老人自身も偏見と固定観念を受け入れ，自分自身を否定的に見てしまうのだ（パルモア p.4，ボーヴォワール p.8-9）。

　（＊）本書の第2章で取り上げた『恍惚の人』の場合，主人公の舅（84歳）は「偏屈」「嫌味」「無教養」「辛い嫁いびり」と

描かれ，姑の方は「優しい」と語られた。また，『黄落』に登場する父親（92歳）は「狡猾」「猜疑心」「好色」「嫌らしい」と表現され，母親については「チャーミング」と語られた。舅と父親はどちらも「明治の男」である。

　問題の根源は「エイジズム」である。これを乗り越えるためにバトラーは，当時のアメリカの老人が体験している実態を描写した上で，老人をめぐる政治課題を明確に打ち出し，制度改革の方法を具体的に提示する。その際，彼が最も重要だと考えるのは「老人は何のために生き続けるのか」「なぜ長生きするのか」という問いである。これが著作の題名になっている。

　この著作を読むと，1970年代に老人の「社会問題」をこれほどまでに包括的に捉えた研究者がいたことに驚かされる。昨今では第6章で取り上げる『ライフシフト』が人生と社会の再設計を提案してベストセラーとなっているが，それをすでに40年も前に先取りしているのだ。包括性や先駆性だけでない。細部の具体性，提案の現実性，人間洞察の深さなど，どれをとっても瞠目に値する。

　バトラーは老人の置かれた状況と背景についてボーヴォワールと基本的に同じ認識を持つが，制度改革の点でははるかに具体的である。ただし，「エイジズム」を批判するバトラー自身の「生産主義」と「リベラリズム」の立場には看過できない重大な難点が含まれている。以下，バトラーの反「エイジズム」論を概観した上で，その立場の何が問題であり，それをどのように乗り越えていけばよいかを考えてみたい。

## 2　老人の現状と改革

　バトラーが真っ先に切り込むのは貧困であり，これに関連して年金，住宅，医療を含む各種のサービスが論じられる。

　　バトラーによれば，大半の老人は老後にはじめて貧しくなる（p.31）。彼らは年金生活者だから米国にも基本国民年金制度が必要である（p.69）。また，老人の住宅問題の核心は我が家（マイホーム），つまり居場所があることだ（p.122）。住宅は人生の各段階に合うように計画されるべきだ（p.160）。

　　人並みの老後を提供するためにはホームヘルプ，情報・照合，栄養，医薬品，交通，通信，法律，保護，税申告，レクリエーションなどに対する社会的・公共的サービスが必要である。それらがあれば貧しくても残酷さや恐怖の度合いは少なくなるが，往々にして分断され，限りがある（p.164）。

　　現状を変えるためにはバトラーは，老人自身が協同組合や自助組織を通じて他の老人にサービスをもたらす試みを提案する。それは余力的で付随的ではあるが，不可能ではない（p.199）。

　バトラーも言うように，貧困であっても住宅や各種のサービスが充実していれば悲劇の度合いは減るに違いない。ライフサイクルに対応した住宅はスウェーデンではありふれている（平山）。その際，老人は受給者として受け身一方であってはいけない。老人自身が立ち上げ運営する協同組合という

アイデアは重要である。日本でも現在，実際に老人たちが主体となって町おこしのための協同組合を作っている例がある（道の駅「ふくしま東和」）。第 2 章で取り上げた『ヘルプマン』では乗り合いボランティアの仕組みが提案されていた。

　次は仕事と教育である。ここでバトラーは教育・勤労・余暇の再配置を通じた人生の再設計という考え方を繰り返しているが，これはまさに本書の第 6 章で取り上げる『ライフシフト』を先取りしている。

　　　バトラーによれば，65 歳以上の就労は老人自身の生きがいのため，そして社会の負担比率の維持のために必要である（p.81）。老人に適した仕事の分野が多くある。老人を受け入れるには全社会としての効率という見地に立ち，効率性の低い人々をも職場に組み込む必要がある（p.106）。そのための鍵は老人教育である。退職制度は廃止し，教育と勤労と余暇をライフサイクル（若年期・中年期・老年期）の三区分に割り振ることをやめるべきだ（p.120）。

　さらにバトラーは精神科医として老人医療の現状を鋭く批判し，老人研究の必要性を訴える。

　　　老化現象の多くは予防したり，進行を遅らせたりできる治療可能な「疾患」である（p.204）。ところが，医師や医療関係者は老人の価値を否定するエイジズムを共有しているため，老人患者を積極的に避け，毛嫌いし，パターナリスティックに振る舞うだけでなく，前向きな治療をせず，おざなりな世話に終始する（p.208）。精神科

医も同様である。可逆性疾患にもかかわらず，老人の精神問題は治療できないと仮定しがちだ。ひとたび老人性痴呆のレッテルが貼られると，施設に送られ，そこで死ぬことになる。精神科医は全体として老人の治療は無益だと感じている（p.267）。

　医師はエイジズムを医学コースの研修中に学習する。コースには老いぼれや愚痴っぽいといった軽蔑的な用語，年齢や動脈硬化，老衰などの理由で老人を治療不能として簡単に片付ける傾向があり，さらに器質性や不可逆性，限られた余命，第二の子供時代など，悲観的な記述で溢れている（p.210-213）。また，老人患者を粗末に扱う病院側の戦略もある。向精神薬を用いて老人をボーっとさせることは患者の気分を良くするためでもあるが，それ以上に施設の平和のためなのだ（p.230）。

　医療の現状を打破するには老人の実態に即した研究が不可欠である（p.292-293）。若々しく生き生きとした老人たちの共通点は，積極的な参加，自己決定，愛情や尊敬の分かち合いなどである。人生上の危機に直面すると老人でなくてもストレスを覚え，感情問題を起こすものだ。老人には悲哀感や，罪悪感，孤独感，憂鬱感，絶望，不安，無力，激怒がしばしば見られるが，それらを精神異常とみなすべきではない（p.261）。

　バトラーは「老人呆け」に代わる言葉として「高齢期情緒・精神障害（emotional and mental disorder）」を提案する（p.268）。

　バトラーの描く老人医療の実態はとてもリアルである。とくに精神医学はエイジズムの影響を受けるだけではなく，逆

にそれを作り出してもいる。ここで描かれているのは『恍惚の人』が依拠した精神医学モデルの実態である。エイジズム（老い＝無価値，老人＝邪魔者とする老人差別文化）を克服するための鍵を握るのは老年医学，それもとくに脳神経科学である。

　最後に，バトラーは老人ホームの実態を踏まえて理想的な老人ホームを構想する。それは今日から見てもじつに先駆的である。

　　米国のナーシングホームは病院ではなく，回復期の患者や全年齢とくに老人の長期ケアを目的とする介護施設であり，最低限の看護と医療を提供する居住スペースである。しかしそこは一般にも，医学生たちからも社会と墓場の中間とみなされている（p.303）。必要なのは居住し治療を受ける場所として一定水準の人間らしさを確保することだ。

　　理想的な老人ケアを提供するためにバトラーは公的資金で運営される「多目的センター」を構想する（p.339-343）。そこでは総合的で継続的なケアを同一組織内の多機能施設で提供し，総合的な診断・治療のプログラムを開発し，在宅ケアの終身介護サービスとともにコミュニティケアに重点が置かれる。デイサービスとショートステイも併設される。めざされるのは死の直前まで可能な限り最大限のリハビリを提供することである。そこは人生最後のもっとも難しい歳月を価値あるものにする希望と自尊心を育む場所でなければならない（p.344）。

## 3　政治参加と人生の可能性

　老人の「社会問題」を解決するためには老人の積極的な政治活動が必要だとバトラーは力説する。

　　1960-70年代の公民権運動や，反戦運動，女性解放運動は老人の政治的自覚を生んだ（p.373）。老人の政治活動としてバトラーが提唱するのは，地域社会の活動から監視活動や告発までを包含する「積極的行動主義」である（p.394）。その重点項目は三つある。老人のニーズに対する文化的感性を肯定的なものに変えること，その方向に国家の資金を充当すること，そして老人の声を効果的に政治に反映させることである（p.409）。
　　バトラーは老人対策の主要緊急目標として14項目をあげている（p.421）。その中には高齢局の創設，老人の低栄養と貧困の根絶，住宅の選択肢の提供，就労の権利，生涯学習およびライサイクル教育，適切なヘルスケア，ソーシャルケアの樹立（医療制度の構造改革），精神衛生医療を受ける権利（国立精神衛生研究所の設立）が含まれている。

　最後にあげられた研究所は実際に国立衛生研究所（NIH）内に設立された。ここに打ち出されている提案の背景には1960年から1970年代に燃え上がったリベラルの政治思想，とくに老人の場合はシルバー民主主義がある。反エイジズム運動とフェミニズム運動を置き換えても何ら違和感がない。
　続いてバトラーは高齢社会のための公共政策を五つの柱に

まとめている。

　　（1）医学や科学技術が社会に与える影響の研究（科学
研究費の一部を社会科学や人文学に割り当てること），（2）
老化プロセスの包括的で学際的な研究，（3）教育・勤
労・余暇を人生全体に再配分すること，（4）高齢・余暇
に対応できる人間教育（一人暮らし，家族の枠を超えた
人間的連帯，充実した楽しい生活，想像力の自由な駆使），
（5）未来世代へのコミットメント（数世代先の世界はど
うなるかと考えて準備すること）である（p.412-414）。
　若々しい老人も増えたが，同時に重病や障害の老人も
増えた。老化の研究の目標は健康で活力に満ちて自己生
産的な老齢期の実現であり，死ぬ直前の寝たきりの時期
の短縮である。これによって介護する中年世代の負担
は軽減される（p.411）。なお，高齢者や老人という言葉
は衰退を連想させるためバトラー新たに「長生者（long-
term people）」を提案する（p.427，479-480）。
　「死ぬ権利」に関してはこう言う。消極的安楽死
（延命措置の停止）を行う場合は委員会方式が望まし
く（p.432-433），そのための法律は注意深く記述され，
厳格に適用され，絶えず検討されなければならない
（p.433）。他方，死期が迫ったときは死を身近な人々と
分かち合うことが重要だとしてシシリー・サンダースの
仕事に言及している（p.435-436）。

　1970年代は生命倫理学が誕生した時代である。バトラー
もその渦中にいて委員会方式やELSI（倫理的・法的・社会的
アプローチ）のアイデアを出している。ただし，死に関して

は特段踏み込んだ考察をしていない。関心がむしろ生産的な老い方にあるからだ。

　エイジズムには二側面ある。社会的慣行や制度に関わる外なるエイジズムと，老人の生き方に関わる内なるエイジズムである。とくに後者を克服するためには老人自身が変わらなければならないとバトラーは強調する。

　　目標とすべきは人が人生の最期まで成長できるような社会の構築である（p.440）。そのためには教育・就労・退職の三ステージの習慣から自分自身を解放しなければならない（p.442）。その際，生きる権利を保障するのは資金であるから，社会保障制度の改正はライフサイクルに応じた柔軟性が必要であるし，最低所得という安定条件も重要だ（p.446）。ところが，ボーヴォワールやフリーダンらのフェミニズム運動は未亡人の貧困問題に取り組んでいない（p.449）。

　　また，エリクソンのアイデンティティ理論は受身的で服従的で過去のレッテルで固めたものだ（p.459）。人間は変化とともに生きていく必要がある。一生を通して何回も自分を発見し，再発見すべきだ（p.460）。なお，高齢期における性的欲望のコントロールは家庭生活と社会の基礎であるが，成長・興奮・新しいレベルの親密さを促す心の余裕があってこそコントロールできる（p.453-454）。

　以上のようにバトラーは老人の「変化」「成長」「再発見」を強調する。しかし，問題は固定した見方をたんに変えることではなく，どこへ向けて変えるかだ。特定の時代状況では

「変わらない」「あえて変えない」ことも必要であろう。[(\*)]

　（＊）ポーランドのアンジェイ・ワイダ監督の遺作に『残像』
がある。主人公はカンディンスキーやシャガールらとともに現
代芸術運動を牽引した画家，ストゥシェミンスキー教授である。
彼は戦後の共産主義体制下で自分の芸術の信念を曲げず，圧迫
を受けながらも絵を描き続け，最後は孤独のうちに惨めな死に
方をした。しかし，彼を慕う弟子たちの心に教授の愚直なまで
の生き様が強く刻まれ，後年になってウィチ美術大学に彼の名
前が冠されることになった。彼の場合は生き方を変えていない。
継承すべき「みんなのもの（レス・プブリカ）」の何たるかを
知っていたからだ。


　バトラーは老人が世界をどのように見ているかを知ること
から新しい可能性は生まれると言う。


　　老人特有の世界観は多様である（p.469）。例えば，時
　間感覚の変化，ライフサイクル感覚，人生回顧の傾向，
　後悔の念，慣れ親しんだものへの愛着，伝承の保守主
　義，遺産への欲望，権力の委譲，人生を全うしたという
　感覚などであるが，成長する能力（独創性や変化する能
　力）もある。
　　老人の世界観から人生の危機に生じる感情的反応，例
　えば悲嘆，罪悪感，孤独感，意気消沈，不安，激怒，無
　力感を区別すべきである（p.261，479）。人生の最後の
　最後まで人間の可能性は存在する。アメリカの老人の
　悲劇は老後の不条理をほぼ不可避なものにしたが，そ
　れでも人生を芸術作品にする可能性は失われていない
　（p.483-484）。

バトラーのいう可能性とは変化して成長することだ。これが「プロダクティブ・エイジング」の原動力である。なお，本書にとっても重要な「ライフサイクル」概念の老年段階に関してバトラーはエリクソンと違って完結としては捉えていない。

## 4　エイジズム批判の批判

「老い＝無価値」と「老人＝邪魔者」とみなす老人差別（エイジズム）は，社会の制度・慣習の隅々に広く瀰漫しているだけでなく，一人ひとりの心の内側にも深く浸透している。前者が「外なるエイジズム」，後者が「内なるエイジズム」である。

バトラーは「外なるエイジズム」に対しては社会改革のプログラムを仔細に設定し，政策を立案し，さらに改革プログラムを実現する政治活動の綱領まで準備している。他方，「内なるエイジズム」に対しては老人が長生きすることの意味を正面から問い直し，その答えを人生の最期まで生産的に成長する「プロダクティブ・エイジング」に見出している。

バトラーの老年学は寿命80年時代の主流となり，2000年代にはWHOの「アクティブ・エイジング」に引き継がれている。しかし，寿命100年時代の現在から見るとそこには看過できない重大な問題点が含まれている。それを端的に言えば，生産主義の抱える老人像の偏狭さであり，またリベラリズムの「政治的正しさ」の危うさである。

「内なるエイジズム」を打破するために「生産的である」ことが強調されているが，その考え方の基礎となっているのが「老化（老い）」の見方の転換である。バトラーは「老化」

を疾患やうつ病から切り離し，健康と長生きに限りなく近づける。しかしそうなると，病気がちとなって世話を受けるステージの老人，つまり生産的でない老人が考慮の外に置かれることになろう。

　他方，「外なるエイジズム」を批判するバトラーの視線には「政治的正しさ」を掲げるリベラルの思考が纏わりついている。しかし，その思考が自らの絶対的正義を疑わず，正しいか正しくないかを峻別する二分法に固執する限り，そこからは不要な社会的分断，つまり世代間の対立が生じることだろう。

　バトラーの「エイジズム」批判の背後に生産性重視と「政治的正しさ」の見地があるとすれば，彼の批判の仕方はさらなる批判を受け，相対化されなければならない。私見では，相対化する際の鍵を握るのはコミュニケーションの新しい捉え方である。まずは生産主義の見地から検討しよう。

## 5　老化（老い）なき人生

　老化（老い）は精神医学では長らく精神疾患とされてきた。それに対してバトラーは「老化（老い）」を「疾患」や「うつ状態」から区別する。彼のいう老人の「呆け」，すなわち「情緒・精神障害」は三者を混合したものであり，後二者になら治療的に対処できる。

　本書の第2章で見たように，ボーヴォワールは老い（老化）を病気とは異なる経験と考えた。老いは実感できないが，病気なら実感できる。痛むのは膝であり腰だ。老いではまず身体機能が徐々に低下する。今までできていたことができなくなる。やりたいことがうまくできなくなる。活動の量と質が

変わり，空間・時間の感覚も変容する。この変化に伴うのが
心理上の苦しみ，例えばもどかしさや，不甲斐なさ，情けな
さなどである。モンテーニュも老化していく自分から逃げ出
したいと感じていた。

　ボーヴォワールは老人の心理について，現在の不安から過
去への固執や，硬直，できないことへの苛立ち，徒労感，倦
怠感，焦燥感，屈辱感，無益感，孤立感，無力感などが生
じ，さらに不安に対する自己防衛として怒りや，節度のな
さ，反社会的振る舞いが出現するとした。それに対してバト
ラーは人生の危機に生じる感情的反応一般，例えば悲嘆，罪
悪感，孤独感，意気消沈，不安，激怒，無力感を老人の心理
から切り離す。

　しかし，ここで疑問が生じる。「疾患」や「うつ状態」か
ら区別された「老化（老い）」とはそもそも何か。これに対
してバトラーは明確には答えていない。バトラーに代わって
生化学の見地からその疑問に答えているのがシンクレア『ラ
イフスパン　老いなき世界』（2020 年）である。

　生体はゲノムのデジタル情報に基づいてタンパク質を合成
し，細胞とそのネットワークをたえず維持している。ところ
がこのゲノムのデジタル情報はコピーエラーや宇宙線による
ダメージによって不可避的に乱れてしまう。そこでそれをた
えず監視して修復する機能が必要になる。それがアナログ情
報からなるエピゲノムの働きである。しかしこの働きまで乱
れてしまうと生体内に種々の異常が発生する。

　シンクレアによれば，監視・修復するエピゲノムの働きが
乱れることが老化であり，老化がすべての病気の根本原因で
ある。老化は治療し予防することができる。研究の現段階で
はリプログラミングによる根本治療はまだ将来の夢である

が，健康寿命を少なくとも10年程度なら延長することは可能である。ただし，不可逆という肝心の条件について彼は語っていない。

　以上の生化学反応を私流に読み替えるとこうなる。老化（老い）とは，癌や糖尿病や神経痛などの身体疾患でも，認知障害でも，精神的なうつ状態でもなく，それらの疾患や障害や状態に「なりやすい傾向」を仮定すれば，その傾向を制御する身体全体の働き合いが不可逆的に弱まることである。言い換えれば，身体全体の修復機能の不可逆的な脆弱化の傾向である。この傾向の生物的な基盤として幹細胞の増殖能の衰えが考えられる。[*]

　　（＊）修復機能の不可逆的な脆弱化として老化を捉えると，若いうちには癌になりにくく，齢をとるとともに癌になりやすくなることも説明できる。もちろん小児や若年で癌になる人もいるが，この場合は身体の全体ではなく，その一部に「なりやすさ」を抱えているからであろう。脆弱化の進行は鍛え方次第では遅らせることができる。老いても若々しい人は日々努力している。筋肉は裏切らない。

　老化（老い）と健康や病気（疾患）の違いについてはどう考えたらよいのだろうか。生体内の生化学反応では過剰・過小がたえず発生し，そのつど全体的な修復力が働いて安定状態に復帰している。そしてその中で安定状態の基準レベルが成り立っている。その基準レベルに復帰したときが生理的な意味での健康であり，基準レベルから外れて一時的に戻れなくなったときが生理的な意味での病気である（森下 2012）。

　したがって，病気は基準レベルからの部分的・一時的・可逆的な逸脱であるが，老いは生体の全体的な修復力の不可逆的な減退であり，全体的・長期的・不可逆的な地滑りとして

捉えられる。病気は実感できるが，老いが実感しにくいのは
そのためである。

　以上を念頭に置いてバトラーの考えを見ると，老化（老い）
が明瞭に捉えられていないため生理的な意味での健康とほぼ
重なっている。そしてこの健康を基盤として不断の変化，成
長，創造が想定され，老人の生き方としてプロダクティブ・
エイジングが推奨されている。さらにシンクレアの場合はそ
もそも老化（老い）に寿命限界が存在せず，健康な老後がど
こまでも続いている。

　しかし，本書の第 1 章で言及したように老いには四つのス
テージ，すなわち，老いを準備するステージ，元気で活動で
きるステージ，病気がちになって世話を受けるステージ，死
を準備するステージがある。どんなに元気で活動している人
でも，いつかは病気がちになって世話を受けるようになる。
要介護認定率は 70 歳代後半では 14％だが，85 歳以上にな
ると 50％を超える（河合 p.48）。また「新老人の会」のアン
ケート調査によれば転機は 87 歳あたりになる（鶴若・森下）。

　問題は「生産的でなくなった老人」「生産的でない老人」
の老い方をどのように捉えるかである。バトラーの「プロダ
クティブ・エイジング」では生産的であること（この意味で
役に立つこと）に焦点を合わせているため，第三や第四のス
テージの老い方がうまく位置づけられていない。

　ここで私たちは岐路に立っている。一方には，「生産的で
あること」に対して「生産的でないこと」を中心に据えて老
い方を捉え直す方向がある。他方には，生産的でない老人も
広い意味で生産的であるというように「生産的であること」
の意味を拡大し，そこに「生産的でないこと」を包摂する方
向である。

## 6　できない世界の視点

　前者の方向に進むと「できなくていい」とか「そのままで
いい」という地点にたどり着く。ここを拠点にする考え方に
は「できないこと＝弱さ」説，「できないこと＝個性」説，
「できないこと＝価値観の転倒」説の三タイプがある。

　「できない」ことは多次元の事実であるが，様々な手立て
を工夫すれば何かができるようになるし，その中で個性も形
成される。しかし，それら三タイプは共通して「できないこ
と」を固定して捉えているように見える。そこで以下，最も
包括的な「できないこと＝価値観の転倒」説を取り上げ，そ
の典型である鷲田清一の『老いの空白』（2015 年）を検討し
てみたい。鷲田の考えの大意をまとめるとこうなる。

(1)　産業社会の「生産力主義」では効率性や有用性といっ
　　た機能が重視されるため，生産（力）と再生産（生殖）
　　が尊ばれ，それに役立つ「若さ」に価値が置かれる。そ
　　れに対して「老い」は役に立たないから価値はない。生
　　産力主義は「できる」ことだけを評価する。そのため産
　　業社会には「できる」ことを増やす「成長」はあるが，
　　「成熟」した老い方はない。
(2)　鷲田は成熟した老い方のために「できない」ことに注
　　目する。「できない」ことは不自由とか，支障，限界が
　　あるということだ。この観点から人生を見渡してみると
　　「できない」ことの方があたりまえだと分かる。幼児，
　　障害者，病人，老人がそうである。成熟の中身は，「で
　　きない」ことの経験をどれだけ深く内に湛えているかに

かかっている。

(3)「できない」という限界意識を跳躍台にすることで，鷲田は一挙に産業社会の生産力主義で貫かれた意味の世界の外に超出する。そこに生まれるのが「反世界のまなざし」という一種の超越の視線である。この視線が翻って意味世界に向かうと，縦横に区切る境界線，つまり能力差別の区分線が流動化する。

(4)「できる」世界は抽象度を高めていうと「する」世界である。「できる」「できない」は「する」世界の部分集合である。超越の視線は「する」世界を通り抜け，その彼方に「しない」世界を想像する。そこでは特異な存在がその特異なままで「ある」として認められる。そこから「ともにする」コミュニティではなく「ともにある」コミュニティが構想される。

(5) 生産力主義の産業社会では老いは「できない」ことの象徴である。超高齢社会には元気だが徐々にできなくなる老人が大量にいる。彼らは「できない」ことや「しない」ことを日常的に自覚している。幼児にはそれはできないし，障害者は少数であり，傷病者は動けない。とすれば，老人世代にこそ「ともにある」コミュニティを実現する役割がある。


　鷲田の考えを貫いているのは，「生産力主義の産業社会／幼児と老人の親密な共同体」，「近代／前近代」，「リニアな時間／ポリフォニックな時間」，「世界／反世界」，「できること／できないこと」，「すること／あること」，「強さ／弱さ」といった二元論の類型思考である。
　しかし，老人差別はたんに近代産業社会だけの産物ではな

い。差別世界は歴史的にもっと根深い。「できる／できない」「する／しない」「ともにする／ともにある」といった近代主義的な二元論の思考ではその表面を掠めるだけに終わるだろう。

　エイジズム（老人差別）を乗り越えるためには，バトラーのように従来の生産性の延長線上で「役に立つこと」を強調するのではなく，あるいはその反対に「できないこと」に依拠して価値の転倒を構想するのでもなく，むしろ「できる／できない」の対立地平を超える方向，すなわち「生産すること」の意味を転換し，二元的な対立要素のすべてを包み込むようなプラットフォームを設定することが求められるだろう。

## 7　リベラリズムの危うさ

　米国における差別の代表は人種差別と女性差別である。人種差別は 1960 年代に政治の争点になり，女性差別は 1970 年代に社会問題の焦点となった。そして 1980 年代に新たに議論の中心となったのがエイジズム（老人差別）である（パルモア p.7）。2010 年代になるとシリコンバレーではエイジズムをめぐる訴訟が人種差別や女性差別より多くなっているという（スミス，グラットン p.248）。ただし，日本では「老人問題」は論じられても，老人差別が人種差別や女性差別と同列に論じられることはない。

　バトラーは「プロダクティブ・エイジング」の見地から，一方では老人の「生産的＝創造的」な生き方を推奨しつつ，他方では差別の現状を変革するために政治課題を網羅的に列挙した上で，実践的な解決案として国民年金制度，老人同士

の協同組合，国民医療保険制度，老人の総合的研究，多目的
センター，教育・就労・退職の組み替え，ライフサイクル教
育などを提言している。

　これらの提言の前提にあるのが平等を重視するリベラルの
政治思想である。現代のリベラリズムは人種差別，民族差
別，障害者差別，女性差別，患者差別（パターナリズム）な
どの批判に通底する有力な立場である。しかし，それは厄介
なパラドックスを抱えている。多様性と寛容を唱えながら
も，リベラルであることの「政治的正しさ」を疑わないため
に否定しているはずの不寛容と対立がその内部から生じてし
まうのだ。

　そもそも老人差別の場合，老人は誰に対立するのだろう
か。女性差別や障害者差別と比較してみよう。

　女性差別の場合，対立しているのは男性一般というより，
権力を持って支配する男性である。女性は社会集団にとって
再生産のために必要であるが，その再生産を支配してきたの
が権力者の男性である。それがこれまでの人類の大半の歴史
であった。女性は表向きは男性から丁重に扱われるが，その
裏には支配の意志が見え隠れている。

　障害者差別の場合，障害者は社会集団から必要とされてい
ないが，「障害者＝弱者」として平等の絶対正義によってタ
テマエでは保護されている。しかし，大半の人々は心の中で
は障害者にはなりたくないと考えている。そうだとすれば，
障害者が対立しているのは「健常者＝強者」というより，世
の中の「ホンネ」だと言える。

　老人差別の場合，老人が対立するのは若者である。権力を
持つ老人には権力奪取をめざす若者が対立し，世代間闘争が
起こる。その結果，権力を失った老人男性はたんに不必要な

だけでなく，危険な邪魔者として排除される。ボーヴォワールやバトラーも指摘するように，そこから老人男性に対する理想化と侮蔑化が生じる。偏見の二面性は旧権力者に対する両義的な対応を反映している。

　繰り返そう。老人は若者に対立している。バトラーは「老人を犠牲にしてはならない」と言う。この指摘は，マイナスからゼロレベルへの回復，つまり悲劇からふつうの生活に引き上げるという意味であれば正しい。しかし，その引き上げのために若者世代を犠牲にするのであれば間違っている。財政的余裕如何にかかわらず，また老若の違いを問わず，いかなる年齢層も犠牲にされてはならない。しかし，そんなことは可能なのだろうか。

# 8　文化／自然または人間／動物

　そこで改めて差別そのものに向き合おう。私の考えでは差別世界は次の四群に区分できる。

(1) **生産と再生産の観点からの能力差別**　生産の観点では老人や障害者の差別が生じる。また，生産の力では劣るが，再生産には絶対不可欠な女性に関しても差別が生じる。

(2) **性的な現象や欲望の観点からの性愛差別**　ここでは同性愛者やその他の性的マイノリティの差別が生じる。なお，女性差別はこの意味での性愛差別とも重なる。

(3) **人種や，民族，身分，職業，生活習慣といった特徴の観点からの異族差別**　この典型が人種差別や，部落差別，宗教差別である。

（4）　人間中心の観点からの異類差別　この典型は動物差
　　別であり，これは使役・食肉・娯楽・愛玩など多方面に
　　渡る。今日ここに新たな AI ロボットやサイボーグの差
　　別も加わる。

　以上の四群を眺めてみると共通する特徴が二点浮かび上が
る。
　その一つが社会集団の存続という目的である。能力差別，
性愛差別，異族差別，異類差別はそれぞれ，社会集団を維持
する外的な生存条件（エネルギー），社会集団を担う人々の
心の内的条件，社会集団に属する人々を統合する政治条件，
社会集団の秩序を正当化する価値条件（イデオロギー）に関
わっている。
　もう一つが「動物性」を拒絶する感覚である。能力差別で
は「痴呆」老人や重度の知的障害者がまるで動物同様とみ
なされ，性愛差別では性的欲望が内なる動物性として抑圧さ
れ，異族差別では他者が野蛮な怪物として想像され，異類差
別では人間があたかも動物ではないかのごとく特別扱いされ
る。「動物性」が喚起するのは不潔・汚れ・おぞましさ・け
がわらしさなどの感覚，つまり広い意味での「おそれ」の感
覚である。これが四群すべてに纏わりついている。
　社会集団の存続が差別世界の前提にあることは容易に想像
できるが，そこに「動物性」に対する「おそれ」という否定
的な感覚が結びつくのはなぜだろうか。
　人間にとって「おそれ」は生物としての単純な反応ではな
く，社会的・歴史的に形成され，慣習の一部となった複合感
情である。ここで「感染」や「汚染」に対するおそれに注目
してみると，「おそれ」の正体が透けて見えてくる。その正

# 知泉書館

# 出版案内

*2024.8  ver. 63*

## ■ 新 刊 ■

**ヨーロッパ思想史入門**　歴史を学ばない者に未来はない

**パイデイア（中）**　ギリシアにおける人間形成
〔知泉学術叢書31〕

**教理講話**　〔知泉学術叢書32〕

**デカルト小品集**　「真理の探求」「ビュルマンとの対話」
ほか〔知泉学術叢書33〕

**ヘーゲル全集　第6巻**　イェーナ期体系構想Ⅱ　論理学・
形而上学・自然哲学（1804/05）

**マックス・シェーラー　思想の核心**　価値・他者・愛・
人格・宗教

**ボーヴォワールとサルトル**　実存思想論集 XXXIX（39号）

**経済学史研究　66巻1号**

Ad fontes Sapientiae

〒113-0033 東京都文京区本郷1-13-2
Tel：03-3814-6161／Fax：03-3814-6166
http://www.chisen.co.jp
＊表示はすべて本体価格です。消費税が別途加算されます。
＊これから刊行するものは時期・タイトル等を変更する場合があります。

# ヨーロッパ思想史入門 歴史を学ばない者に未来はない

### 金子晴勇著

ヘレニズム，ヘブライズム，ゲルマニズムを三つの
としたヨーロッパ文化の思想について，難しい概念
読み解き，古代から現代まで人々がどのように日常
思索の世界を生きていたのか紹介する。さらに文学
品を通してヨーロッパ思想の多様性も学べる。

【目次】　思想史の主流　ヨーロッパ思想の三つの柱　キリスト
とギリシア文化との交流　アウグスティヌスと世紀の回心　中
思想の意義　一二世紀ルネサンスとヨーロッパ的愛の誕生　ル
サンスと宗教改革　近代世界の三つの理念　デカルトとパスカ
啓蒙主義と敬虔主義　カントとヘーゲル　シュティルナーとキ
ケゴール─唯一者と単独者　人権思想とファシズム　ヨーロッ
のニヒリズム　**文学作品からヨーロッパ思想を理解する**

ISBN978-4-86285-412-4
**四六判276頁・2300円**

# パイデイア（中） ギリシアにおける人間形成

### W. イェーガー著／曽田長人訳　〔知泉学術叢書3〕

ヨーロッパ文化が長く模範としてきたギリシア古典
代は，国家のメンバーをどのように教育することを
指したのか。ギリシア人の教養と理想的な人間像が
互に作用しつつ形成される経緯を描いた，古典的名
の待望訳。本巻では，プラトンの教育哲学を扱う。

【目次】　第Ⅲ部　偉大な教育者と教育体系の時代　前4世紀　パ
デイアとしてのギリシアの医術　ソクラテス　歴史の中のプラン
像　プラトンによるソクラテスの小対話篇:哲学的な問題と
てのアレテー　『プロタゴラス』:ソフィスト的あるいはソクラテ
的なパイデイア?　『ゴルギアス』:真の政治家としての教育
『メノン』:知識の新しい概念　『饗宴』:エロス　『国家』

ISBN978-4-86285-408-7
**新書判846頁・6500円**

体とは生命の危険に対するおそれ，つまりは「死のおそれ」である。不気味さであれ，暴力，野蛮，ケガレ，嫌悪感，生命への畏怖・畏敬であれ，それらの根源には「死のおそれ」がある（森下 2022）。

「死のおそれ」は生物の持つ感情の根源であるが，社会集団が存続の危険に直面し，実際に消滅することがある限り，社会集団のいわば共同感情の根源でもある。「死のおそれ」は個々人と社会集団の両方に通底している。

さて，私の考えでは，人類の社会集団は「死のおそれ」を払拭するために「文化」を創造した。「文化」を通じて死を意味づけることで，起源物語の内部に取り込んで飼いならしつつ，外部に排除しそこに封じ込めた。その外部が「自然」である。とすれば，「文化」は「文化／自然」の根本差別を土台にしていることになる。そしてこの土台の上で，呪術や，古代の国家祭儀，世界宗教を領導した支配男性によって，法や慣習やマナーや道徳や理想といった一切の倫理が作り出されたと捉えられる。

人類史を通じて見られるように，「人間／動物」「精神／身体」「理性／感性」「男性／女性」，あるいは「秩序／カオス」「善／悪」「清浄／不浄」「聖／俗」，あるいは「有用／無用」「若さ／老い」「健常／障害」「健全／病」「正常／異常」「純血／混血」など，レベルを異にする種々の差別が社会集団を分割してきた。

老人差別の根幹にある「若さ／老い」もまた，「文化／自然」，あるいは日常感覚に引き寄せて言えば，『恍惚の人』の老い＝呆けのイメージがそうであったように「人間／動物（異類）」の差別を土台にしている。そうだとすれば，老人差別を乗り越えるために探し求めているプラットフォームは，

「人間／動物」の根本差別にまで踏み込んで「できる／できない」の二元論的枠組みを相対化するものでなければならないだろう。

# 9　語れない相手の役割

　「人間／動物」の根本差別の流動化を通じて「できる／できない」という観点を相対化するためのプラットフォームの理論的基礎は，私が『システム倫理学的思考』（2020 年）で打ち出したコミュニケーションの一般理論である。

　このコミュニケーションの一般理論では，あらゆるものの関係がコミュニケーションとして捉えられる。「コミュニケーション」はラテン語の「co + munus」に由来するが，その原義は「何かのやりとり」である。その何かは言動や記号だけでなく，電子でも生体分子でもシンボルでもありうる。したがって素粒子同士，物体同士，細胞同士，生物同士のあいだ，さらには物体と生物のあいだでもコミュニケーションが成り立つことになる。つまり，すべてのもののあいだでコミュニケーションが成り立つ。やりとりが行われている限りそこには関係があり，関係がある限りそこでやりとりが行われているとすれば，あらゆるものの関係がコミュニケーションなのである。

　それでは，人間のコミュニケーションでは何がやり取りされているか。

　例えば，誰かが手を上げているとする。「手が上がる」という一連の動作（行動）は見えるが，手を上げている「意図」を特定できない限り，その行動がどんな行為であるかは決まらない。それは反対の意思表示かもしれないし，タクシーを

呼び止めているのかもしれない。あるいは，誰かに合図を送っているとか，一人で体操していることもありうる。見える行動を表現（情報）とみなすと，表現の意味は何の行為かを決める意図になる。実際の場面では意図は必ずしも明確でないし，本人に自覚されていないこともある。それでも情報の多義的な意図（意味）を一つに絞り，特定の行為を決めることなしにコミュニケーションは進まない。この一つに絞る作業を解釈という。

　人間のコミュニケーションでやりとりされるのは情報の多義的な意味の解釈である。その際，受け手による解釈が言動（表現）を通じて相手（最初の送り手）に情報として送り返され，その受け手は情報を解釈することによって相手（二番目の送り手）の意図を確認しつつ，新たな意味を付加して相手にふたたび送り返すことになる。このようにコミュニケーションのイニシアティブを握り，コミュニケーションの方向を左右するのは，情報の送り手ではなく受け手の解釈（受け止め方）である。通常は送り手と受け手が交互に入れ替わる。

　『システム倫理学的思考』では，送り手と受け手の双方の側の心に生起するコミュニケーションのプロセスに注目し，それが情報受容・真意解釈・解釈比較・総合評価という四つのステップを周期的に辿ることを見出した。そしてそこからコミュニケーション一般に関して「四次元相関の論理」を取り出し，それに基づいて人間の意味世界を種多様なコミュニケーションシステムの世界として把握した。例えば本書の第5章に出てくる「幸せ意識」や，第6章の「生活」の構造把握についても同じ論理で分析することができる。

　ここで改めてコミュニケーションの受け手がイニシアティブを握るという原点に立ち戻ってみよう。通常のコミュニ

ケーションでは双方とも語ることができて，受け手と送り手
が交互に入れ替わることを想定している。ところが，一方の
相手が語らないか，語れないという場合が出てくる。この場
合でもコミュニケーションは成り立っていると言えるだろ
うか。答えはもちろん YES である。受け手の解釈がコミュ
ニケーションのイニシアティブを握る限り，相手が語らずと
も，あるいは語れずともコミュニケーションは続くことにな
る。

　語らないか，語れない相手とのあいだでも，語れる片方の
側がイニシアティヴをとって働きかけ，語り続ける限り，そ
こにコミュニケーションが成り立っている。しかし，考えて
みればそれは稀な事態ではない。それどころか，語らない
か，語れない相手とのあいだのコミュニケーションの方が，
語れる相手同士のコミュニケーションよりも，はるかに広範
囲に渡って行われている。例えば，認知症や寝たきりの老
人，死者や未だ生まれざるもの，動物や植物，AI やロボッ
ト，シンボル，天体とのコミュニケーションがそこに含まれ
るからだ。

　通常のコミュニケーションでは送り手と受け手という役割
がある。役割がある点では語らないか，語れないものたちを
包括するコミュニケーションでも同じことだ。そこでは語り
かける側の語りかける役割だけでなく，語りかけられる側の
語りかけられる役割もある。このように考えれば，人が語り
かけるコミュニケーションではすべてがパートを持つ。した
がってそれはパートナーシップ（共同作業）ということにな
る。

　「人間／動物（異類の存在者）」の根本差別の流動化を通じ
て「できる／できない」の二元論を相対化し，「生産的であ

る」ことの意味を転換するのは，「語れないか，語らない相手とのコミュニケーション」という観点であり，これが老人差別を乗り換えるためのプラットフォームであると言えるだろう。もちろん，第3章で言及した「死者と生者のコミュニケーション」もこのプラットフォームの上に位置づけられる。

# 第 5 章
# 人生最期の生き様

## 1　キャラハンの問題提起

　第 4 章で言及したように，1960 年代から 1970 年代にかけて老人の「社会問題」が発見された。それ以降，バトラーの主導する反エイジズム運動が広がる中で，老人の悲惨な境遇にようやく政治の手が届き始め，老人福祉の状況は少しずつ改善されていった。

　このような動きを背後から強力に後押ししたのが当時の医療である。救命医療は格段の進歩を見せ，集中治療ユニットが整備され，透析装置も普及した。その結果，健康への欲望は際限なく膨らみ，健康が国民の権利になった。さらに健康と長寿の実現は人生観を根本的に変え，それまでの短く惨めな老いが一転して可能性に満ちたフロンティアになった。21 世紀に入っても医療技術はますます高度化し，健康は至上の価値とされ，健康でアクティヴな長寿の人生は当たり前となっている。

　ところが，すでに 1980 年代後半の時点で別の「社会問題」が芽生えていた。人口構成の超高齢化，医療コストの際限なき増大，慢性病を抱えた長命に伴う生きる意味の喪失で

ある。今日でこそそれらは大きくクローズアップされている
が，当時は反エイジズム運動と医療の華々しい成功の陰に隠
れて目立たなかった。

　新たな「社会問題」にいち早く注目し，正面から取り組ん
だのがダニエル・キャラハンである。彼は『限界を設定する
こと――高齢社会における医療の目標』の中で大胆にも老人
医療の制限を唱えた。本章では人生最期の生き方を問題に
し，これを通じて世代責任とコミュニティ概念を捉え直すた
めの導入として，彼の主張の骨子を整理し，その意義と問題
点を詳らかにしてみたい。なお，文中の数字は日本語版の
ページ数である。<sup>(＊)</sup>

　（＊）原著は Daniel Callahan, *Setting Limits: Medical Goals in an
　*Aging Society*, Simon & Schuster Inc., 1987，日本語版は『老い
　の医療――延命主義医療に代わるもの』山崎淳訳，早川書房，
　1990 年である。

　2010 年 3 月，私はニューヨーク市郊外のコールドスプリング
駅で下車し，ハドソン川を望む高台にある「ヘイスティングス・
センター」を訪れた。そこで創設者の一人で高名な生命倫理学
者のダニエル・キャラハンと話をする機会を得た。彼は当時 80
歳だった。すでに名誉職に退いていたが，玄関脇の小さな一室
をオフィスにし，若い研究者の質問にも丁寧に答えていた。足
元には大型の老犬が寝そべっていた。この優しい目をしたスコ
ティッシュの老人が問題作を世に出したのはその 23 年前，57
歳の時である。彼は 2019 年に 89 歳で亡くなった。


　キャラハンが関心を向けたのは，財政上避けられない社会
保障制度の改革もさることながら，それ以上に社会のもっと
深部に横たわる倫理の問題である。子供は老親をなぜ，また
どこまで世話しなければならないのか。介護の中で共倒れす
る家族を社会はなぜ，またどこまで支援しなければならない

のか。老人世代と若者世代が分断せずに絆を結ぶにはどうすればいいのか。これらの問いの答えはコミュニティが老いと死をどのように位置づけるかにかかっている（キャラハン p.27-30）。

しかし，反エイジズム運動は老いと死を直視しようとしない。この運動を支える二本柱のうち，一方の医学は健康と不老をめざし，死を敗北とみなす（p.31）。他方のバトラー流の老年学は生産的であることに価値を置き，老いや死を無視している（p.33-39）。これらの傾向の背後には米国流の個人主義があるとキャラハンは指摘する（p.40-44，276）。

個人主義は人生の善について公共的に語ることを避け，もっぱら個人の信念か宗教の問題にする。個人の信念を尊重する多元的社会こそ個人主義にとって善き社会なのだ（p.73-75）。それに対してキャラハンは老いと死をめぐって公共的な議論が必要だと考える（p.77-78）。自由を至高原理におく「リバタリアン」や平等の価値を優先する「リベラリスト」に対して，彼は明言していないが，公共的な伝統を重視する「コミュニタリアン」である（p.45，276-279）。

キャラハン自身はエリクソンのライフサイクル概念に依拠して人生を一つのまとまりとして捉えた上で，コミュニティの中に老年期に特有の役割や美徳を位置づける。コミュニティを想定する限り，過去は凝結していないし，未来も閉ざされてはいない。現在の切実さの中で過去と未来がつながる（p.55）。それに対してボーヴォワールの『老い』では老いの時間的存在が実存（個人）の直線的な時間意識に限定されているため，個人を包み込むコミュニティが存在しない（p.65）。

老年期の現在が過去と未来をつなぎ，老人が過去を教訓にして未来を想像できるとすれば，現在における老人世代の役

割とは何か。多くの老人はたいていすでに「自己の可能性」の追求を諦め，家族への責任も果たし終えている。とすれば，残る役割は一方では家族への奉仕を超えた社会的貢献，つまり若者世代への支援であり，他方では衰えゆく自分を直視し，死の準備をすることになる（p.60-63）。<sup>(*)</sup>

（＊）キャラハンは「保守主義」の代表者エドモンド・バークの『フランス革命についての省察』から「国家（または社会）は死んだ者と生きている者と未だ生まれざる者のパートナーシップである」というフレーズを引用し，これに共感を寄せている（p.60）。

## 2　老人医療削減の論理

老人の役割の基盤は世代の責任である。この観点からキャラハンは社会と医療の目標を設定する。その拠り所は「早死」ではなく「許容できる死」である。この概念は次の三つの条件から構成される。すなわち，⑴人生の可能性をおおむね実現していること，⑵責任を負うべき相手への義務を果していること，⑶常識に反せず周囲の人々の負の感情を招かない最期であることである（p.84-85）。

その「許容できる死」から「自然な寿命」の概念が引き出される（p.85）。ここでの「自然」は生命科学の対象ではなく，人類の文化における共通パターンを意味する（p.81-82）。米国の当時の平均寿命は男性約 71 歳，女性約 78 歳であった。それを考慮してキャラハンは「自然な寿命」を 70 歳代後半から 80 歳代初めとする（p.188）。つまり，寿命 80 年である。

社会の目標は「自然な寿命」に基づいて設定される。キャ

ラハンにとって善い社会とは多元的社会ではなく，「誰もが自然な寿命を全うできる社会」である（p.198）。また，医学・医療の目標も次のように定まる。すなわち，(1)「早死」を防いで自然な寿命を全うするためにハイテク医療技術によって健康を支援するが，(2)自然な寿命を過ぎたら苦痛を除去しながら社会貢献の活動を支援し，(3)最期は安心して死ねるように世話することである（p.98-99, 172）。ハイテク医療技術は老人ではなく若者のために用いられるべきなのだ。

　80歳を超えた老人に対して医療資源を制限するのはなぜか。それは若者（子供の世代）に一方的な自己犠牲を押しつけないためである。とはいえ，老人を切り捨てることはもとより認められない。老人はこれまで世代をつなぐために多大な貢献をしている。とすれば老人医療の制限を老人尊重と両立させる必要がある（p.148-149）。キャラハンが考えた論理はこうだ（p.150-151）。

(1) 誰もが自然な寿命を全うすべきである。（言い換えれば，どの世代も一方的に他の世代の犠牲になってはならない。）

(2) 自然な寿命を全うした老人は人生の可能性をほとんど実現している。（しかも，老人はやがて去りゆく身である。）

(3) それゆえ，老人世代は自然な寿命を過ぎたら若者世代に医療資源を譲るべきである。

　以上の論理を土台にしてキャラハンは年齢を基準にした公共政策の原則を立てる（p.217-219）。通常，延命医療のレベルは次のように区分される（p.229）。

レベル1　緊急救命治療（心肺蘇生術など）

レベル2　集中治療（人工呼吸器，透析など）

レベル3　一般医療（抗生剤，外科手術，がん化学療法，
　　　　　人工的水分・栄養補給など）

レベル4　一般看護（鎮痛剤，清拭，水分・栄養補給，
　　　　　慰めなど）

　キャラハンの原則では自然な寿命の80歳を過ぎたらレベル3は適用されず，苦痛を除くためのレベル4に切り替えられ，最期を安心して死ねるよう支援される。ただし，一般に原則の適用にあたっては個別裁量の余地が残されている。老人医療制度の原則の適用の場面でも，最終的な判断は臨床現場の裁量に任され，実際には年齢基準だけでなく個々の医療上の必要基準などを考慮して決められることになる（p.233）。

　ここに自然な寿命を過ぎた85歳の老人がいるとしよう。キャラハンの模範解答はこうなる。この老人が重度の認知症の場合にはレベル4が適用される。軽度の認知症の場合にはレベル3は必要である。重症だが判断能力のある場合は本人が判断してレベル3か4を決断する。身体が弱っているが判断能力のある場合にはレベル1と2は公費では行わない。そして壮健な場合にはあらゆるレベルの治療を試してかまわない（p.230-233）。

　キャラハンは，水分・栄養補給は周囲の人々に影響を及ぼす象徴的な意味があるため，身体の衰弱した重度の認知症の場合でも，人工的ではない水分・栄養補給をけっして止めてはならないと言う（p.243-244）。また，治療措置を停止する安楽死については，法制化されると老いには価値がないという考えを社会が認めることになるため明確に反対している

（p.245）。

　キャラハンの模範解答でも原則の適用は年齢基準から逸脱している。この点についてキャラハンは，延命治療の制限は微妙な問題であるため，社会や医療の目標に関して公共的な論議を通じて政策ができるまでは，あるいはそれができたとしても人情を考慮するなら，例外的措置もやむをえないとする（p.250）。

　キャラハンの老人医療削減案は彼が予想した通り反対の大合唱を受けた（p.12）。反対の理由は種々ある。主なものは，医療技術の高度化は善でありそれに伴う医療費増大はやむをえない，健康や長寿は善であり人生に関する個人の信念に社会は介入してはならない，そもそも年齢で医療を区切るのは究極のエイジズムである，生命価値は絶対でありそこに人為を加えることは許されない，何よりも個人の医療上のニーズだけを考慮する医療倫理の原則に抵触するといった意見である（p.212）。

　それに対してキャラハンはこう反論する。声高な批判の大合唱は医療費の増大という事態を直視していない。それが放置されると社会保障制度を破綻に追い込み，医療と健康以外の領域・分野を貧弱な状態に放置する。他方，医療費の抑制や医療資源の配分といった問題は小手先の弥縫策では解決できず，抜本的な改革を必要とするが，人々はそれを見ようとしないし，考えないようにしている。

　医療費や医療資源の配分の問題だけではない。キャラハンにとっていっそう重要なのは倫理の根幹に関わる問題である。介護者の共倒れ，世代間闘争による社会の分断，長生きによる生きる意欲の喪失が至るところで発生し，寿命80年時代の人々にますます重くのしかかっている。光が当てられ

112

た健康と長寿の裏側では老いと死を無意味だとする見方が広
がる。その中で寝たきりや認知症になると老いの惨めさが
いっそう際立つため，安楽死に賛同する人々が世代を超えて
増えることになるのだ。

# 3　自己犠牲の論理

　ここまでキャラハンの老人医療の削減案を概観してきた。
その土台は老人に対する医療削減と尊重とを両立させる論理
である。しかし，そこには老人の自己犠牲の論理に転化しか
ねない問題点が含まれている。それは以下の三点になる。
　一点目は世代とコミュニティの概念である。これが論理の
前提にある。
　キャラハンがバトラーの反エイジズム運動を批判する際，
拠り所にするのが世代の責任という観点である。この観点
は，謝辞で挙名されているハンス・ヨナスが想定するような
20世紀特有の「民族」ではなく（ヨナス），21世紀の超高齢
社会の中で協働を求められる世代に関わっている（p.259）。
ところがキャラハンはその世代とその背後にあるコミュニ
ティが何であるかを問い返すことなく，最初から自明視して
いる。米国の建国以来の伝統が背景にあるのだろうが，少な
くとも日本人にとってその概念は明瞭な像を結ばない。
　二点目は80歳の老人が人生の可能性をおおむね実現して
いるという捉え方である。これが論理の核心にある。
　老人は「人生の可能性をおおむね実現している」というと
き，キャラハンの念頭にあるのは寿命80年である。しかし，
寿命が80歳を超えると「人生の可能性」の中身が変わるか
もしれない。第3章で引用した93歳のジョウン・エリクソ

ンは，90 歳になると多くを失うが，新たに獲得できるもの
もあるのだが，そのことを老年学者たちは若すぎるから知ら
ないだと言っている（エリクソン p.vii, 86）。執筆時のキャラ
ハンは 57 歳だった。彼の論理には「人生の可能性をおおむ
ね実現した」ことを判断する基準，つまり人生満足感の尺度
が見当たらない。

　三点目は原則の適用に関するものであり，論理の帰結にあ
たる。

　自然な寿命を超えた老人に対して治療レベル 4 を適用す
る際，キャラハンは老人の状態を場合分けし，どのレベルを
適用するかは年齢基準と医療上の必要基準を総合して決めら
れると言う。原則にしたがって年齢基準だけで決められない
のは社会のコンセンサスが未形成だからである。他方，生命
主義や，医学の延命主義，治療停止の措置は彼の持つコモン
センスが許さない。しかし，重度の認知症とか，重症，身体
の衰弱などの表記はあるが，患者がどのような状態になれば
レベル 4 に切り替えるかという肝心の点に曖昧さが残って
いる。

　以上，世代とコミュニティの概念の不明瞭さをはじめ，人
生の可能性の実現を判断する基準の欠如，治療レベル 4 が適
用される状態の曖昧さを指摘してきた。これらの疑問が残る
限り，若者世代の一方的な自己犠牲を避けるための論理が，
老人世代の自己犠牲を強いる論理に反転する可能性は否定で
きないように思われる。なぜなら先例があるからだ。それが
自己犠牲の論理を体系的に展開したビンディングとホッへの
著作である。この事情をかいつまんで説明しよう。

　（＊）Binding, K. und Hoche, A., *Die Freigabe der Vernichtung
　　*lebensunwerten Lebens. Ihr Maß und ihre Form*, Felix Meiner,

114

## 3　自己犠牲の論理

Leipzig, 1920, 62S。次の本に全訳が収録されている。森下直貴・佐野誠編著『新版「生きるに値しない命」とは誰のことか』2020 年。

　ビンディングとホッヘの『解禁』は次の二つの観点を結合することによって「他者による殺害」を容認＝解禁した。[*]その一つが「助かる見込みのない状態」を「不治の病」とする観点，もう一つが「本人にとっても重荷，周囲の人々や社会にとっても重荷」という観点である。この二つの観点を結合すると「助かる見込みのない状態＝不治の病」は誰にとっても「負担」になるという論理が生じる。

　　（＊）欧州の法学と医学では長らく，自由意志に基づく「自殺」と，臨終時の医師の裁量とされる「純粋安楽死」の正当性をめぐって論争が続いてきた。ここで「純粋安楽死」はもとより「他者による殺害」であるが，「自殺」もまた神から授かった命を人が勝手に処分するとみなされる限り「他者による殺害」になる。

　彼らの論理をもちいれば，一方の自殺は「不治の病」に限定され，それが本人にとって重荷となることから医療の中に安楽死として位置づけられる。他方の「純粋安楽死」の対象は限定された臨終状態から「不治の病」一般に拡大され，認知症・知的障害・精神疾患の患者が本人にとっても周囲の人たちや社会にとっても重荷とされることで，彼らの安楽死が医療者の責務とされる。

　『解禁』は以上の論理展開によって自殺と純粋安楽死，自発的安楽死と非自発的安楽死をすべて「安楽死」として捉え直し，一般医療の中に取り込むことによって，重症者であれ，認知症老人や障害者であれ，一律に安楽死の対象となる

道を開いた。その意味で『解禁』は安楽死の包括的な一般理論なのである。

　しかし，最大の問題点は「不治の病」として日常臨床の中で捉え直された「助かる見込みのない状態」が基準にしても範囲にしても曖昧なことである。この点が「どのような状態」であればレベル4にするかに関する曖昧さに通じる。また，非自発的な安楽死の場合に「生存意欲」を無視できるとしているが（森下・佐野 p.54），この点は「人生の可能性の実現」の基準の欠如に関連する。さらに，「本人にとっても，周囲の人たちや社会にとっても重荷」という観点はコミュニティ概念の不明瞭さに通じている。

　キャラハンの憂慮と提案の意図には私も基本的に共感を覚えるが，その論理は老人の自己犠牲に転化する危うさがある。そこで以下，彼の意図を活かす方向で三つの問題点を掘り下げて検討してみよう。

## 4　世代とコミュニティ

　最初に世代とコミュニティの概念を取り上げるが，どちらの概念も多義的である。先に年齢や年代を含めて「世代」を再構成してみよう。

　人の「年齢」には四つの次元が含まれている。1953年生まれの68歳の男性である私（本書の著者）を例にとって説明してみよう。必要な変更を加えれば40歳女性でも同じことになる。さて，その四つの次元とは，（1）誕生年に基づく暦年齢（68歳），（2）身体の健康状態に相関する主観的年齢（私自身は55歳程度と感じている），（3）人間関係の中で意味づけされた社会的年齢（定年退職者），そして（4）ライフサ

116

イクル上の年齢つまり年代（老年期）である。

　四つの次元からなる年齢を持つ個人である私は集団に属している。集団を世代という視点から見ると以下の四タイプに分かれる。

　　第一のタイプは個人の年齢を基にした年齢集団である。ここでは 65 歳以上の高年齢者の集団という意味で高齢者世代または高齢世代という表現が用いられる。私はこの世代の端に位置している。このタイプは統計上の年齢階級であり，個人の年齢のたんなる集合にすぎないため，個人同士がつながることはない。

　　第二のタイプは家族の代々の系譜的連続性という文脈での世代である。これについては祖父母世代，親世代，子供世代という表現が用いられる。私にも家族があり，親世代はすでに亡くなり，孫世代はまだ生まれていない。このタイプでは時間的な連続性はあるが，社会的には狭い範囲に限定されている。

　　第三のタイプは同出生年齢集団の同時代性という文脈での世代である（村上）。これについては団塊世代，団塊ジュニア世代などの表現をしばしば目にする。私は団塊世代の後の世代に属する。このタイプは同世代内では社会的な広がりがあるが，他の世代からは社会的にも時間的にも切り離されている。

　　第四のタイプはライフサイクル上の年代集団としての世代である。個人のライフサイクルは子供年代（時代），若者年代，大人年代，老人年代となるが，これを集団に拡大すると，子供年代集団，若者年代集団，大人年代集団，老人年代集団になる。老人世代という表現は老人年

代集団を指している。私も老人世代の一員である。この
タイプは同世代内でゆるやかにつながり，他の世代との
あいだでも時間的にも社会的にもつながりを持ってい
る。

　さて，コミュニティの中で世代としての責任を負うことが
できるのはどのタイプであろうか。当事者たちがそれを自覚
的に引き受けることができれば，その答えは第四のタイプの
年代集団としての世代である。

　年代集団としての世代のライフサイクルでは，子供世代，
若者世代，大人世代，老年世代の各年代集団が数珠玉のよう
に連なる。その連なりの先端には死者集団が位置し，後端に
はこれから生まれてくる集団が続いている。家族や同出生年
齢集団は世代の連なりの中を次々に通過することになる。

　例えば，私が属する 1953 年の出生年齢集団は，1960 年代
から 70 年代にかけて子供世代と青年世代を過ごし，1980 年
から 2000 年代に中年世代を迎え，そして 2020 年代の現在
では老年世代に属している。そしてやがて死者集団の系列に
連なることになる。

　ライフサイクル年代集団としての世代は，時間的・時代的
には先行する世代と後続する世代の中間に位置し，先行世代
から受け継いだ「みんなのもの（レス・プブリカ）」（歴史的
社会的共有財産）を後続世代に引き渡すという役割を負って
いる。この役割を伴うという点が決定的に重要である。個々
人がそれを自覚的に引き受けるとき世代責任という倫理意識
が生まれる。

　以上に加えて，ライフサイクル年代集団としての世代の概
念は「コミュニティ」の捉え直しにも寄与する。

コミュニティの概念には三つの種類がある（森下 2022 第4章）。一つ目はコミュニケーションのネットワークという形式的で一般的な意味である。二つ目は単一機能システム集団（society）に対して多機能システムを包括する集団である。家族や国または国家がそれに当たる。三つ目は近代の機能的な社会に対する伝統的な共助共同体という歴史的で特殊な概念である。

ライフサイクル年代集団としての世代は新たに四つ目のコミュニティ概念を浮上させる。それが，社会の「みんなのもの（レス・プブリカ）」をやりとりする世代同士のコミュニケーションのネットワークである。

このコミュニティ概念は，過去・現在・未来に渡る死者と生者と未生者のあいだの集団的コミュニケーションを可能にする。死者と生者のコミュニケーションを包み込む死者集団と生者集団のコミュニケーションを背後に感じることができれば，地域やデジタルネットワークでつながる身近なコミュニティが時間的にも社会的にもリアリティを持つことができるだろう。これについては改めて第7章で論じる。

# 5　老人世代の役割

ライフサイクル年代集団としての世代には社会の「みんなのもの（レス・プブリカ）」を継承する「役割」が含まれている。他方，本書の第4章で取り上げたコミュニケーションの一般理論にも役割が含まれている。コミュニケーションの受け手側がイニシアティヴをとる限り，語れるか語れないかの違いにかかわらず，コミュニケーションでは誰もが役割を担うことになる。したがって語らないか，語れない相手に

も役割がある。

　世代とコミュニケーションの二つの見地を総合すると，世代同士の時を超えるコミュニケーションの中で各世代に属する誰にでも「みんなのもの（レス・プブリカ）」を継承する役割があることになる。

　みんなのもの（レス・プブリカ）を継承する役割には三つの水準がある。まず，継承の役割はどの世代であっても共通している。これが第一水準の役割である。次に，役割の具体的な中身は次のように世代ごとに違ってくる。これが第二水準の役割である。

　　　子供世代の役割…先行世代から受け継いだみんなのもの
　　　（レス・プブリカ）を吸収する
　　　青年世代の役割……新たな環境の中でみんなのもの（レ
　　　ス・プブリカ）を批判する
　　　中年世代の役割……新旧観点の総合からみんなのもの
　　　（レス・プブリカ）を洗練する
　　　老年世代の役割……洗練したみんなのもの（レス・プブ
　　　リカ）を後続世代に引き渡す

　最後に，老いには四つのステージがある。第二水準の老人の役割はどのステージにあっても同じであるが，以下に示すようにステージごとにふさわしい活動があり，それに応じて役割も違ってくる。これが第三水準の役割である。なお，ここで「活動」とは四次元に広がる相互的コミュニケーションを意味する。これが「生活」を意味する点については本書の第 6 章で説明する。

（1）老いを準備するステージでは人生後半の生き方を展
　　望する役割がある。
（2）それまでの活動を維持し拡大するステージでは自分
　　の人生の可能性を追求しつつ，後続世代を育成する役割
　　がある。
（3）病気がちになって世話を受けるステージではそれま
　　での活動を縮小して整理しつつ，老人世代同士の互助関
　　係を作るという役割がある。
（4）死を迎える最期のステージでは後続世代に死に様を
　　見せ，それを通じて人生とは何かを学んでもらう最後の
　　役割がある。

# 6　幸福感のミニマム

　続いて二番目の「人生の可能性の実現」を判断する基準の
欠如を取り上げよう。
　自分の「人生の可能性をおおむね実現している」は「これ
までの人生にほぼ満足している」と言い換えられる。後者に
関してはしばしば活用されるディーナーの人生満足度尺度が
ある（SWLS, E. Diener and others,1985）。そこでこれを手掛
かりにして考察を進めよう。ディーナーの尺度は以下の5項
目7択からなる（大石）。

　① ほとんどの面で，私の人生は私の理想に近い。
　② 私の人生は，とても素晴らしい状態である。
　③ 私は自分の人生に満足している。
　④ 私はこれまで，自分の人生に求める大切なものを得て
　　きた。

⑤ もう一度人生をやり直すとしても，ほとんど何も変えないだろう。

　正直なところ，私（本書の著者）は真剣に臨んでも，5 項目に 1（まったく当てはまらない）から 7（非常によく当てはまる）までの点数をつけられなかった。なぜかといえば，人生の満足を尋ねている中に人生の満足を尋ねる項目③を入れるというのも奇妙であるが，この点を括弧に入れたとしても，一つひとつの項目の内容が明晰でなく，しかも項目間の連関が判明でないからである。

　この問題点はディーナーの人生満足度尺度に限らず，幸福観一般が抱えているものだ。古今東西の幸福観を通覧すると，共通するエッセンスとして絞り出されるのは「一定の活動に伴う快的な充足感」である。幸福観の違いはそのうちのどこに力点を置くかに由来する。例えば，アリストテレスでは一定の活動がロゴス的な活動に限定され，ベンサムでは快適な充足感が快不快の感情に還元されている。しかし，問題はそのいずれであれ，幸福感が一つのかたまりとして捉えられるため明晰さと判明さに欠けることである。

　ここで私が考案した幸福感の枠組みを導入してみよう（森下 2022 第 7 章，第 8 章）。これは目標達成感，安心充実感，承認自尊感，理想向上感の四次元からなる。このような四次元セットの捉え方をすれば，幸福感を分析的に捉えることができる。この枠組を踏まえ，かつ日本語らしさを加味して人生満足度尺度を再構成すると以下のようになる。なお，ディーナーの③は不要なため消去する。

　　目標達成感……自分のなすべきことを果たしてきた。④

　　安心充実感……自分は周囲のお陰で恵まれている。②
　　承認自尊感……自分の人生に誇りを持っている。⑤
　　理想向上感……自分の理想に向かって努力してきた。①

　幸福感に関連してなお問題が残っている。「幸福感」と
「人生満足感」や「生きがい感」の関係をどのように捉える
かである。生きがい感は人が明日に向かって生きていく上で
とりわけ必要である。特に老人世代ではそうだ。幸福心理学
の専門家の中には三者を別個に捉える向きもあるが，私の考
えでは時間の観点を導入することで三者は同一の構造で捉え
られる。幸福感は現在の意識である。現在から過去に関心が
向けられるとき幸福感が人生満足感になり，現在から未来に
関心が向けられるとき生きがい感になる。
　以上の準備の上で「人生の可能性をおおむね実現した」と
判断するための基準を明確にしてみよう。私の考えでは，そ
れが「幸福感のミニマム」基準である。
　幸福のミニマムを考えるための基盤は日常生活である。通
常，日常生活は退屈で平凡であり，もっと楽しいことはない
か，ワクワクすることはないかと思い，そこから逃げ出した
くなるものだ。しかし，災害や事故，事件，戦乱，疾病に不
意に襲われ，日常生活が壊れて失われたとき，人は初めてそ
の大切さ，かけがえのなさに気がつくことになる。
　このかけがえのなさの感情を絞り込んでいくと，最終的に
行き着くのが「ひとときの安らかな気分」である。この安ら
かな気分が健康の感覚の原点であることは別著で論じている
（森下 2003）。ここではその感覚を人間の活動（すなわち相互
的コミュニケーション）の水準で捉え直してみよう。すると
以下のように，四次元のミニマムな人間的活動に伴う広義の

安らぎ感，つまり幸福感のミニマムが浮かび上がる。なお，人間的活動が相互的コミュニケーションであり，四領域十六分野に広がることについては本書の第 6 章で説明する。

　　できるだけ自分でやってみる……目標達成感
　　温かくて親密な居場所がある……安心充実感
　　周囲から人間として扱われる……承認自尊感
　　ささやかながら楽しみがある……理想向上感

　幸福感のミニマム四次元を時間軸に位置づけると，「笑顔がこぼれる」（現在），「これまで生きてきてよかったと感謝する」（過去），「明日も生きたいという意欲を持つ」（未来）になる。
　結論を言えば，幸福感のミニマム四次元セット，時間軸では笑顔・感謝・意欲の三点セットが「人生の可能性を実現した」と人が感じるかどうかを判断する基準である。それがまた世代間で継承される社会の「みんなのもの（レス・プブリカ）」をふるいにかけ，洗練するための基準でもある。

## 7　死に様を見せる

　三番目の問題点に移ろう。どのような状態になれば延命治療のレベル 4 を適用するかという基準の曖昧さが問われていた。
　キャラハンは原則として 80 歳を過ぎたら延命治療のレベル 4 にすべきであるが，実際の現場では年齢基準だけでなく，医療上の必要基準を考慮して総合的に決めざるをえないと言う。しかし，そうなると事実上，年齢基準はあっても意

味をなさないし，総合的な判断をする際の根拠もはっきりしなくなる。

　私の考えでは，治療レベル4の導入は「自然な寿命」ではなく「死期」に基づいて決められるべきである。これは老人に限らない。経験を積んだ知り合いの医師たちの話では，死期の始まりはおおよそ死の1か月前あたりになる。「死期」の端緒は「食べられなくなった」とか「食べたいという意欲がなくなった」という徴候である。食欲は生物の生きる力のバロメーターだ。生きることは食べることであり，食べることは生きることである。

　その際，水分と栄養の補給の管理が重要になる。キャラハンは人工的でないなら基本的に続けるべきだと言う。これに関して佐江衆一の『黄落』には興味深い描写がある。死期が切迫した老母が口をぎゅっと結び，補給を拒否する意志を無言で示した箇所である。みんなのもの（レス・プブリカ）としての往生の作法には断食や入水がある。食べられなくなった時点の最期の迎え方としては参考になるだろう。

　世代責任の示し方としての最期の生き様（つまり死に様）の見せ方は一つではない。有言でも無言でも見せることができる。寝たきりであっても重度の認知症になっても見せることができる。どのような状態であってもつねに見られている限り，それを念頭に置いて振る舞うことが見せるということだ。死の迎え方に示される死に様はそれまでの老い方の延長であり，老い方はそれまでの生き方の延長である。それを見せてもらうことから家族やとくに若い人たちは人生の何たるかを学ぶことができる。ただし，死に様に注がれるのは生者からの視線だけではない。そこには死者からの視線も注がれている。

　なお，人生最期のステージにおける老人の最後から二番目
の役割は，自分の意思を表明できなくなる前に治療レベルの
方針を周囲に伝え，関係者のあいだでコンセンサスを得てお
くことである。これは寿命 100 年時代では必須の作法であ
る。

　さて，ここで問題になるのが安楽死である。安楽死という
選択も最期の生き様の見せ方の一つと言えるのだろうか。

　キャラハンは老いのどのステージにおいても自発的安楽死
に反対している。どのような状態になったら，そしていつの
時点で，またいかなる方法によって実行するのかという点
が，安楽死選択では避けがたく曖昧になる。その上，安楽死
が個人の選択の問題だとしても，「役に立たない」ことを認
めることによって老人差別の考えを広めることになる。まし
てや安楽死の法制化は老人の価値を引き下げ，老人差別を固
定することになるからだ。

　しかし，日本では広義の自発的安楽死に賛同する声が年々
大きくなっている。周囲を見渡すと超高齢社会の中で多くの
老人が安楽死に希望を見出している。その心象風景を想像す
るとこうなる。

　　　失禁や嚥下障碍が生じ，オムツを着けて寝たきりの状態
　　　になったら，生きていたくない。周囲の人や自分のこと
　　　まで分からなくなったら，生きていても仕方ない。だか
　　　ら死なせてほしい。できればそうなる前に安楽死した
　　　い。(森下・佐野 p.vii, 153, 213-214)

　老人ばかりではない。若者もそうだ。私の経験から言え
ば，20 年前までの学生では安楽死の肯定派と否定派が拮抗

していた。ところが現在では肯定派が多数を占めている。この趨勢が続けばそう遠くない将来，日本でも安楽死が合法化されることになるかもしれない。

　肯定派の論拠は次のようなものだ。自分の生死は自分で決める。これは当然の権利だ。痛みには完全には対処できない。筆舌に尽くしがたい痛みを感じるのは本人だ。何もできない自分は無意味である。これは本人にしかわからない苦しみだ。周囲の人たちに迷惑をかける。家族が壊れていくのを見ていられない。社会の将来を考えても望ましくない。このままでは社会保障制度は破綻する。とすれば，むしろ安楽死こそ世代の責任の取り方としてじつにスマートであり，合理的ではないか（森下 2021）。

　しかしはたして，安楽死は肯定派の言うように世代の責任の取り方のファースト・チョイスとしてふさわしいのだろうか。「迷惑をかける自分」という理由に絞って考えてみたい。

# 8　迷惑をかける自分

　『解禁』からほぼ 100 年後，日本社会の安楽死論議の中に二人の女性が登場した。一人は 92 歳のとき『安楽死で死なせてください』（2017 年）を出版した橋田壽賀子である。彼女は安楽死（自殺幇助）を希望し，スイスの団体に登録したが，2021 年 3 月，日本の病院で亡くなった。95 歳だった。もう一人は安楽死遂行をテレビで公開した初めての日本人，小島ミナ（51 歳）である。橋田の場合はすでに功なり遂げていたが，小島には道半ばで挫折した無念さがある（宮下）。

　この二人の場合，安楽死の選択には共通した信念があった。死に方は自分で決めるというものだ。それは家族との親

密な関係よりも優先される。だから，生きたいと思わなくなれば自分で安楽死を選択する。寝たきりや認知症になってまで生きることは自分らしくない。以前のようにできなくなった自分には生き続けるための目標がない。そこまでして生きることは周囲に迷惑をかけることにもなる。これは自分のプライドが許さない……。

　両者の心理を整理するとこうなるだろう。「できないこと」は一方では「何もできない自分」という意識を生み出し，他方では「迷惑をかける自分」という意識をもたらす。そしてこの二つが結びつくとき「役に立たない自分」という意識が生じる。そこから自分が「生きていても意味がない」「生きる価値がない」「生きるに値しない」と評価され，一番苦しまない方法として「安楽死」が選ばれる。

　本書の第 4 章では「何もできない自分」に注目し，コミュニケーションでは誰もがパートを持つ限り，役割をもたない人などいないと考え，「役に立つこと」「生産すること」の意味を転換した。この章ではもう一つの「迷惑をかける自分」に焦点を合わせ，著名な評論家の西部邁の例を考察の糸口としたい。

　彼は 2018 年，78 歳のとき多摩川に入水して「自裁死」した。西部は常々自分で自身の人生を終えたいと考えていたが，家族にだけは迷惑をかけたくないと願っていた。以下，Wikipedia から省略して引用する。

　　西部は 55 歳の頃には自死への構えがおおよそ定まり，2014 年に妻と死別して以降はさらにその決意を固めていった。[…] 彼は背中に持病を抱えていて激しい痛みに襲われることもあり，皮膚炎や神経痛に悩まされ，重度

の頚椎症性脊髄症のため細かな作業や重量のある物を持つことができず，執筆活動が困難になっていた。[…] 自殺するまでの数年間，親しい人には「死にたい」と漏らしていた。また，娘や息子に迷惑がかからないように人生を終えるつもりだといつも言っていた。[…]「自分の意思もわからない状態で看取られるのは耐えられない」，「もうそろそろ限界だ」とも語っている。遺書では「自然死といわれるものの実態は『病院死』にすぎない」，「人生の最期を他人に命令されたり，いじり回されたりしたくない」，「死に方は生き方の総仕上げだ」と記し，自ら命を絶つ「自裁死」の意思があることを示していた。

　安楽死問題のジャーナリストで小島の安楽死遂行に同行した宮下洋一は，西部の自裁死を賞賛する風潮に違和感を表明した（PRESIDENT Online, 2018.2.10）。彼によればスイスやオランダでは，例えば65歳のとき癌で安楽死した男性の場合，友人を招待してお別れパーティを開いたが，そこではあくまで個人の観点が貫かれた。人生の主人公はあくまで自分なのだ。それに比べると同じく個人主義を表明しながらも，迷惑をかけたくないとして周囲への配慮を滲ませる西部は，どうも不徹底に映ると言うのだ。
　しかし，宮下の捉え方には疑問がある。死んでゆく者が周囲に配慮することはいけないことだろうか。そこに問題があるとすれば，迷惑をかけたくないという消極的な見方に制約されて取られた方法にあるのではないか。西部の場合たしかに子供には直接的な迷惑をかけていない。しかし，年若い二人の信奉者の手を借りた結果，彼らは幇助罪で逮捕され，罰

せられることになった。不徹底なのはむしろその点ではない
か。「迷惑をかけたくない」という思いを積極的に受け止め
直し，その方向で周囲への配慮の仕方を捉え直すことはでき
ないものか。

　ここで思い出されるのが深沢七郎原作の『楢山節考』（1956
年）である。この小説は民間の棄老伝説に題材をとったもの
であり，1958 年に木下恵介監督，1983 年には今村昌平監督
によって映画化されている。とくにカンヌ映画祭でグランプ
リを獲得した今村作品では，自然の過酷だがおおらかな営み
の中で，世代の継承を積極的に受け止める主人公の姿がごく
当たり前のように描かれていた（森下 1999，柳田）。

　もちろん，その小説や映画では周囲への配慮が世代の継承
責任として積極的に受け止められているが，現代の医療と文
化の水準からいえば老人を捨てることは認められない。キャ
ラハンも強調するように老人が若い人々に貢献しながら，最
期は安心して死ねるような方向を探るべきなのだ。

　この方向を受け止めたのが本章の世代としての責任の観点
である。最終的に寝たきりや認知症になることは老いの姿と
して当たり前のことだ。私たちは老人の姿を通じて人生を学
ぶことができる。「見られる／見せる」という視線の意識，
さらに死んでからも見られているという視線の意識が，老い
方と死に方に美しさ，例えば凛とした気品や深みを与える。
本人や人々がそのような自覚をもち，家族が壊れないために
周囲の人々のちょっとした手助けがあり，互助のネットワー
クが広がり，共助の仕組みが揃うならば，「迷惑」を限りな
く小さくすることができるのではなかろうか（森下 2017）。

　老人世代の生き方の延長線上にある最後の迎え方，とり
わけ延命治療や安楽死をめぐって公共的に論じ合うために

は，死者と生者と未生者を含むコミュニティを背後に意識しつつ，老いの意味と役割や，社会と医療の目標を共有していなければならないだろう。しかし，キャラハンの問題意識に基本的に共感するにしても，私たちは何をどこから始め，どのように進めていけばいいのだろうか。私の考えではその鍵はシルバー共和主義にあるが，その前にポスト福祉国家やグローバリゼーションの中の老人世代の立ち位置ついて掘り下げて考えてみなければならない。

# 第6章
# 老いの生活の豊かさ

## 1　『ライフシフト』の登場

　本書の第2章から第5章まで，老人の「社会問題」に正面から取り組んだ著作を糸口や手掛かりとして取り上げ，老人介護の社会常識，老いた自己のイメージ，エイジズム（老人差別），人生最期の生き様を検討する中で，老人の自立と互助の可能性，見られる / 見せる視線の美意識，役に立つことの意味の転換，「みんなのもの（レス・プブリカ）」を担う世代の概念をめぐって考察してきた。ただし，それらの著作が前提にしていたのは寿命70年もしくは寿命80年であった。

　21世紀の今日，寿命100年時代に正面から対応する著作が待たれている。そして最近，この期待に部分的に応える二冊の姉妹本が刊行された。それがグラットンとスコットの『ライフシフト 100年時代の人生戦略』と『ライフシフト2 100年時代の行動戦略』である。バトラーから50年，キャラハンから数えても40年になる。両書は力点の置きどころをやや異にするが，視点も内容も基本的に同じである。言及にあたっては『ライフシフト1・2』と一括表記する。[*]

（＊）前書は池村千秋訳，東洋経済新報社，2016 年（Linda Gratton & Andrew Scott, *The 100-Year Life: Living and Working in an Age of Longevity*, Fraser & Dunlop Ltd., 2016.)，後書は池村千秋訳，東洋経済新報社，2021 年（Andrew Scott & Linda Gratton, *The New Long life: A Framework for Flourishing in a Changing World*, Fraser & Dunlop Ltd., 2020.）である。

『ライフシフト1・2』の基本的な枠組みはこうだ。

　20 世紀には寿命 70 年を前提にして教育・仕事・退職という三ステージの人生が組み立てられ，これを年金制度のような社会の仕組が支えてきた。想定された老後は5-10 年であった。ところが 21 世紀の寿命 100 年時代では，老後は 30 年以上の長期に及び，現行制度が将来に渡ってすべての世代の老後の生活を支えることは不可能である。そのため人々は定年後も働かざるをえないが，働き方の変化は教育のあり方，結婚の時期や相手，子供を作るタイミング，余暇の過ごし方，女性の社会的地位など，人生と社会のあらゆる方面に波及する。そこでいま，寿命 100 年時代にふさわしいマルチステージの人生とそれを支える社会の仕組みを設計し直すことが，企業・教育・政府だけでなく，21 世紀を生きるすべての世代にとって喫緊の課題となっている。

　マルチステージについてはすでにバトラーが言及していた。この姉妹本は全体としてバトラーの考えの延長線上にある。しかし，決定的に異なるのが寿命の長さである。寿命70 年と寿命 100 年では事態の深刻さと改革への切実さがまるで違う。長寿化とデジタル化の影響をいかに積極的に受け

止めるかが人生と社会の再設計の焦点である。

　本章の主題は老後の生活の「豊かさ」である。これを考察する糸口としてまずは『ライフシフト1・2』を取り上げ、そこに提示された人生と社会の再設計の構想を検討してみよう。なお、パラフレーズは主に『ライフシフト2』に準拠し、文中ページもその引用ページを表す。

## 2　再設計のための提言

　（1）**働き方**　マルチステージの働き方には次の三つがある（これについては『ライフシフト』第6章が詳しい）。まずは自分が心底楽しめる活動ややりがいを感じられる活動をするポートフォリオ・ワーカー型だ。これはとくに若々しさと円熟さを兼ね備えた老人に向いている。次のエクスプローラー型は特定の関心をもって旅に出るか否かによって冒険型と探検型に分かれる。これは若者世代だけでなく中年でも老年でも可能だ。ここではパートナーの選択が鍵を握る。さらに、金銭的価値に執着せず、組織に雇われることなく独立の立場で生産的な活動をするのが三つ目のインディペンデント・プロデューサー型だ。

　（2）**家族**　今日の単身者たちは古い核家族モデルから脱却し、21世紀型の絆や親密な関係を作り出しつつある（p.171）。新しい「家族」のあり方や、育児と介護のやり方を社会的に発明する必要がある（p.175）。パートナーとの新しい関係にはキャリア（自己実現を伴う仕事）＋ジョブ（家計を支える仕事）型、キャリア＋ケアラー（家族の世話）型、キャリア＋キャリア型がある。いま世界中で多くの人が家族をめぐって壮大な実験をしているが（p.185）、それに社会の制度や規

範が追いついていない。

（3）**地域のコミュニティ活動**　この活動は時間とスキルを提供した人たちに金銭的報酬とは別種の報酬を与えてくれる（p.214）。マルチステージでは，ボランティア活動によるコミュニティへの関わりを引退後に始めるのではなく，生涯を通じて行うほうが理にかなっている（p.215）。そうすれば，長生きする確率が高まり，生きがいを持つことによってアルツハイマー病の発生リスクと死亡率を低下させることができる。

（4）**企業**　マルチステージの人生では年齢（エイジ）と人生ステージの結合を断ち切ることが求められる（p.226）。具体的には第一に，入社年齢を多様化し，垂直移動から水平移動にシフトすること。そのためには受け皿となるキャリアのネットワークが必要である。第二に，引退と生産性に関する否定的な考え方を変更すること。年齢は可変的であり，職業人生を長く伸ばす必要がある。第三に，年齢と賃金（ウエッジ）の結びつきを断ち切ること。この結びつきが暗黙の常識となって年齢と人生ステージの分離を妨げている。

柔軟な働き方の文化を作るためのアプローチは二つある。一つは引退や，子育て，介護をめぐる人々のニーズに応えること（p.241），もう一つはテクノロジーによって生産を向上させて週休三日制を実現することである（p.242）。

（5）**教育**　汎用コンピュータ（AGI）が職場に浸透する中で，マルチステージの人生に求められるのは科学・テクノロジー・エンジニアリング・数学からなる「STEM」ではなく，それに人間のアート（A）を加えた「STEAM」である。それと同時に，従来のような子供の教育方法論（ペダゴジー）ではなく，大人の教育方法論（アンドラゴジー）も必要にな

る（p.266）。大学は成人教育を担い，多世代が学ぶ場となる。

（6）政府　政府の仕事は長寿化とデジタル化に伴って生じる失業，劣悪な雇用，不安定な収入，病気といったリスクから人々を守ることだ（p.290-291）。社会保障制度の目的は新しい職への移行と新たな雇用の創出である。労働者の補完となるテクノロジーに対する企業投資を促し（p.298），健康に関しては予防重視の医療に転換すべきである。年齢の可変性を考慮すると高齢者への医療資源の提供を削減すべきではない（p.305）。

また，リスクを守ることだけでなく，望ましい未来を促進することも政府の仕事である。これには三つの課題がある。第一はスキルを身につける道筋を示すことだ（p.307）。将来に渡る職の情報提供は公共財である。第二は高齢者が健康であることを後押しすることだ。ピリオド平均寿命ではなくコホート平均寿命を用いると，10年長く余命が計算できるため（p.310-311），未来への投資意欲が高まる。第三は長寿化を活かして経済を拡大させることだ。

（7）経済　暦年齢重視の発想と三ステージの人生モデルを前提にする限り，経済が縮小し，政府債務が増大するというストーリーから逃れられない（p.311）。このストーリーの土台は「老年従属人口指標」（65歳以上人口と生産年齢人口の比率）であるが（p.312），ここには定年後の高齢者の働きがカウントされていない。今では潜在的な高齢者労働人口は増加している（p.313）。

高齢者も働けること，高齢者の支出が雇用を創出していること，高齢者を支えるのは自然なライフサイクルであること，そして高齢者の過去の税金で教育や医療のコストが賄われていることを考慮するなら，長寿経済の成長は十分可能で

ある（p.312）。そのためには GDP 指標を幸福指標に変更するとともに（p.318-319），高齢者イコール 65 歳以上という暦年齢重視の定義を変えなければならない。

（8）**政治**　テクノロジーの進化は資本の概念をアイデアやブランドといった非物質主義的な方向に変え，それとともにシェア・エコノミーやギグ・エコノミー（ネットを通じた単発の働き方）のように労働の概念も変えた。その結果，既存の税制や福祉制度はうまく機能しなくなり，労働組合や資本家を前提にした政党政治も変化に対応できなくなった。民主主義ではシルバー世代の声が強すぎるため，若い世代の声をいかに反映するかが問われている（p.320-321）。

## 3　提言の意義と問題点

『ライフシフト 1・2』は寿命 100 年時代に対応した提言を行っている。その中でとくに重要な視点は次の二つに絞られる。人生と社会の土台に寿命があるという視点と，長寿経済には豊かな可能性があるという視点である。

まず，人生と社会の土台に寿命があるという視点は従来ほとんど注目されてこなかったが，指摘されてみればその通りだと言わざるをえない。人生ステージを社会の仕組みが支え，人生ステージによって社会の仕組みが支えられる。この人生と社会の相関構造を制約するのが寿命なのだ。寿命が 50 年，70 年，100 年と長くなると，人生ステージと社会の仕組みもそれに応じて変わらざるをえない。この視点は社会認識としては革命的だとすら言える。

ただし，『ライフシフト 1・2』では時間の視点に注目されるあまり，空間の視点がほとんどない。社会は時間分割と空

間分割によって編成される。時間分割の原理が年齢であり，空間分割の原理が性別である。労働と余暇，労働と家族，労働と地域，労働と人生といった時間分割に基づく区分は，空間分割からみると職場と家庭，男の領分と女の領分，都市と地域，国と自治体，人工環境と自然環境，人間と動物といった区別になる。とりわけ住居は生活の豊かさの基礎である。

　次の長寿経済の可能性に関して，従来のストーリーでは労働人口が減り，経済が縮小し，政府債務が増大し，サービスが低下し，さらには自治体まで消滅することになる（河合）。これを自明の前提にしてこれまで様々な提言や政策が行われてきた。しかし，その前提を支えているのは暦年齢重視の発想と三ステージの人生モデルである。とくに悪影響を及ぼしているのが定年後の高齢者の働きをカウントしない「老年従属人口指標」である。また，ピリオド平均寿命を用いることも未来への投資意欲を妨げている。

　実際には老人も働けるだけではなく，老人の支出が雇用を創出し，老人の過去の税金で教育や医療のコストが賄われている。つまり，長寿経済の成長は十分に可能なのである。そのためにはGDP指標を幸福指標に変更し，高齢者イコール65歳以上という暦年齢重視の定義を変えなければならない，という指摘はきわめて重要である。

　とはいえ，『ライフシフト1・2』では見落とされている側面もある。ここでは4点に絞って指摘しておこう。

　第1点。『ライフシフト1・2』は知的水準の高い人々や，専門的なスキルを有する人々，十分に意欲のある人々，さらに高所得の人々を読者層として想定し，種々の提言を行っているように読める。とすれば，それらの提言は

庶民や，低所得層の人々，一人暮らしの老人，認知症の
患者やその家族にとっては身の丈にあった働き方や生き
方ではないだろう。

第2点。老いには四つのステージがある。すなわち，老
いを準備するステージ，元気に活動するステージ，病気
になって世話を受けるステージ，死を準備するステージ
である。『ライフシフト2』では元気で活動する第二の
ステージにスポットライトが当てられているが，それ以
降のステージの話が出てこない。最晩年の経験が重要だ
という指摘はあるが，それ以上突っ込んで考察されてい
るわけではない。この点はバトラーの問題点を引き継い
でいる。

第3点。社会保障の話が手薄に見える。人的投資の観点
から論じられるユニバーサルベーシックインカムの話は
一般的にすぎる。また，推奨されている賦課方式は日本
ではすでに採用されている。日本の議論の焦点はそこで
はなく，世代間の不公平をどうするかである。

第4点。デジタルテクノロジーの影響は労働や雇用の面
だけなく，広く文化の全体に及んでいる。とくにリアリ
ティ感覚をめぐる世代の違いにもっと注目されてもいい
はずだ。また，生殖テクノロジーが性別の区別を不要と
し，サイボーグテクノロジーが年齢を超える方向に向か
うことも論じられていない。これについては本書の第7
章で取り上げる。

　次節では考察の皮切りとして長寿化とデジタル化の歴史的
背景について検討する。そこから見えてくるのは資本主義的
市場経済のグローバル化であり，その中での「ポスト福祉国

家」に向けた改革という課題である。

# 4　長寿化とデジタル化

　長寿化はそもそも何によって引き起こされるのか。長寿化とテクノロジーの進化はどのように関連しているのか。進行しているのは長寿化だけではない。少子化や，家族の変容，人口減少も進行している。これらの動向をトータルに捉えるためには，人生と社会の相関構造を構成する要因群を見出し，それらがどのように関連しているかを把握しておく必要がある。

　最初に人生と社会の相関構造を形成する条件をあげてみよう。

　まずは生物としての条件がある。ここには寿命に関わる生死の別，老若の年齢別，男女の性別，健康と病気・障害の別が含まれる。次は社会集団の条件である。ここには集団の存続を保証する機能として生産力と秩序維持がある。このうち生産力には市場経済と生産技術（テクノロジー）が連結し，秩序維持には社会規範と制度・文明が関与する。三つ目の条件は以上の二つの条件を取り巻く自然環境である。自然環境の中で人々の生存を維持する労働やその他の人間的活動が繰り広げられ，それを通じて文化が培われる。

　次に，以上の条件のうち人生と社会の相関構造を変動させる要因をあげる。

　一つ目は，生物条件のうち生死に関わる寿命である。その限界内に老若のライフサイクルがあり，子供・青年・大人・老人の段階が生じる。二つ目は，自然環境の中で行われる労働である。労働は男女の性別によって区別され，他の要因と

結びついて家族を形成する。三つ目は，家族を超えた社会集
団の条件のうち市場経済と生産技術（テクノロジー）である。
同じく社会集団の条件のうち規範と制度が社会を維持する方
向に作用するのに対して，それらは社会を変容する方向に作
用し，労働の仕方を変える。変化した労働は家族と文化を変
え，摩擦を生みながらも結局は規範と制度を変えていく。そ
して変容した規範と制度が今度は新たな人生と社会の相関構
造を固定し，強化するのである。

　続いて具体的な水準に視線を移して人類の歴史を振り返っ
てみよう。

　近代以前の社会では自然環境と身体のリズムの中で労働が
営まれ，寿命 50 年の土台の上で人生ステージの細部が年齢
によって定められ，生活の役割の細部は性別によって規定さ
れていた。ところが 19 世紀以降の近代社会になると，資本
主義的な市場経済と科学を支えにしたテクノロジーが発達す
る中で，工場労働中心の生活が営まれて広まった。その結
果，労働中心の社会時間が作られ，労働とその他の活動が分
離した。

　20 世紀の半ばには寿命 70 年を前提とする三ステージの人
生が完成する。人々は一斉に入学し，一斉に社会人となり，
一斉に引退した。企業も教育も社会制度も法律も三ステージ
を基に設計された。20 世紀の後半には著しい経済成長を背
景にして，一方では社会保障制度が充実し，他方ではテク
ノロジーがますます進化した。工業先進国では医療テクノロ
ジーと社会保障制度に支えられて乳児死亡率の低下と長寿化
が実現した。他方，資本主義的な市場経済の発展は女性の社
会進出を促し，家族の形を変容させることで少子化を引き起
こした。

　そして21世紀に入ると，デジタル化を伴った市場経済の
グローバル化が世界中を巻き込み，資本の非物資主義化を通
じて労働と雇用を変化させた。この中で寿命100年の時代
となり，超高齢少子社会が到来した。

　以上を要するに，長寿化とデジタル化のみならず，社会保
障制度の充実と危機，女性の社会進出，家族の変容，少子化
と単身社会，国民総人口の減少といった多方面の変化の基底
にあるのは，資本主義的市場経済の拡大深化，つまりグロー
バル化である。市場経済は今日，物質や環境といった外部の
商品化から，身体や心のような人間の内部の商品化へとます
ます深化している（西部）。

## 5　日本経済の再生

　日本は戦後一貫してケインズ型経済政策とベヴァレッジ型
社会保障がワンセットになった20世紀型「福祉国家」の路
線を突き進んできた。しかし，根本的な改革が不可避となる
中で，いまや21世紀に対応した「ポスト福祉国家」が課題
として浮上している。20世紀型福祉国家を支えてきた二本
柱のうち，まずは経済政策の転換に目を向けてみよう。

　20世紀型福祉国家の代名詞であった英国は1980年代，市
場原理を掲げて小さな政府を標榜する経済自由主義国家へと
舵を切った。自由市場はすでに変動相場制によって拡大して
いたが，この時期になると規制緩和や民活が一段と進み，巨
大な多国籍企業が生まれて国際市場を牛耳り始めていた。さ
らに，東西冷戦が終結した1990年代には市場経済のグロー
バル化がいっそう進展し，デジタル技術に支えられた金融
市場ではマネーが世界中を飛び回った（以上については西部

2011年に詳しい)。

　米国は1990年代から2000年代にかけて，高い付加価値を生み出すデジタル関連のベンチャー企業を支援し，経済成長を遂げた。こうして誕生した巨大なITプラットフォーム企業が世界市場を席巻し，産業構造を物財中心から知財中心へと変えていった。他方，ヨーロッパ諸国は域内経済の枠組みを作り，米国流のグローバル化に対抗して規制を強化する一方，とくにドイツは生産と流通のデジタル化（いわゆる第四次産業革命）を推進した。そして2010年代になると若い世代の環境に対する危機意識やライフスタイルを戦略的に取り入れ，脱炭素経済へと大胆にシフトするに至った（以上については諸富が詳しい）。

　グローバル化によって人々の生活に変化が生じた。先進国では中間層が衰退し，経済格差と貧困が拡大している。発展途上国では絶対的な貧困層が激増し，移民や難民となって先進国に流入している。そうした中で早くも1990年代，英国は新自由主義から北欧諸国と同様の社会的投資国家へと転換した。そこで浮上した論争が，働く人を優先するワークフェアか，働くか働かないかにかかわらず生活を保障するベーシックインカムかである（これについては橘木で紹介されている）。ただし，外国人労働者や移民が加わることによって事態は複雑になっている。今日，世界中でポピュリズム政治が横行し，無差別テロが蔓延し，地域紛争は収まる気配を見せていない。

　日本国内に目を転じよう。日本経済は1960年代までの高度経済成長から1970年代半ばの構造改革をへて，1980年代には世界経済を牽引する時代を迎えた。その前半には空前の消費ブームが到来し，後半には規制緩和と民活導入によって

投資ブームに沸いた。しかし，バブル経済が破綻した後の1990年代半ばからグローバル化の波に巻き込まれ，雇用が不安定化する中で長期不況に陥った。さらに金融危機，東日本大震災，各種の災害，それに昨今のコロナ禍も重なり，今日に至るも経済の低落傾向に歯止めがかかっていない。国民のあいだでは貧富の格差が拡大し，非正規雇用の女性や，母子家庭，単身高齢者の貧困状況が深刻化している（以上については岩田，宮本が詳しい）。

　21世紀の今日，グローバル化によって世界中で格差と貧困が拡大し，分断と紛争が起こっている。とくに日本の場合は経済の落ち込みが著しく，実質所得が低下したまま格差と貧困が拡大している。その中でコミュニティの解体，人々の孤立と孤独，デジタル化による価値の拠り所の消失も生じている。いささか極端な表現を用いるなら，若者は未来に夢と希望を持てず，中高年は負担に押しつぶされて疲弊し，老人は不安なまま死を全うできないでいる。

　それでは日本経済を再生させるためにはどうすればいいのか。経済の専門家に登場してもらおう。ここでは対照的な二人の見解を紹介する。

　諸富徹（『資本主義の新しい形』2020年）はこう言う。
　　グローバル化の本質は資本主義の「非物質主義的転回」である。これはアイデアや，経営戦略，消費者とのネットワーク，ブランドといった非物質的要素が生産と流通と消費における付加価値生産の大半を占めるようになった傾向のことだ。日本経済がもの（物財）づくりにこだわり続けた限り，長期低落傾向から回復できず，欧米や中国から決定的に遅れてしまった。しかしまだ希望はあ

る。再生のための処方箋は三つ，アイデアを生み出す人材の育成（社会的投資国家），同一労働同一賃金の実施，成長と両立する環境経済の導入である。めざすは資本主義の持続可能で公正な成長である。

　西部忠（『資本主義はどこに行くのか』2011年）はこう言う。

　　グローバル化の本質は労働力商品を軸とする資本主義的な商品市場経済の内包的深化である。内包的深化は利潤そのものを求める資本の本性の表れにほかならない。こうして身体や生命までもが商品化された結果，今日，心の豊かさと幸福を支えるコミュニティが解体している。このような状況で期待できるのは，資本主義的な交換システムの内部に利子をつけない通貨による互酬的なコミュニティ経済を再興し，それを通じてコミュニティの新しい形を再生することである。

　諸富と西部はともにケインズ型の財政金融政策による経済成長とそれを基盤とする福祉国家の限界を指摘しているが，再生の方向については対照的である。諸富は現状のままで企業や政府が実行できる政策を提言する。それに対して西部は原理的・根本的な見地に立ち，国民の意識改革に期待を寄せている。両者に共通するのは教育支援，子育て支援，最低賃金の引き上げ，同一労働同一賃金であり，対立するのは投資，環境経済，コミュニティをめぐる評価である。

## 6　社会保障の改革

　続いて，20 世紀型福祉国家を支える二本柱のうち，もう一つの社会保障制度に視線を合わせてみよう。それをどのように改革するのか。ここでも三人の専門家に登場してもう。

　岩田正美（『生活保護解体論』2021 年）はこう言う。
　　生活保護の制度は，創設以来今日に至るまで基幹部分が抜本的に改革されず，旧来の救貧的発想から抜け切らないため，現代的貧困に対応できていない。他方，皆保険皆年金制度では低所得者層向けに税金が投入され，保険原理とのあいだで矛盾を生じている。二つの公的扶助を統合するためには，生活保護の八つの扶助をニーズの違いに応じてバラバラにし，社会保障制度全体に溶け込ませるべきである。その際，生活保護として残る生活扶助の最低基準は，住居費と通信費からなる生活基盤費の約6 万円と日用品消費費を合わせて一人約 11 万円とする。財源は税と保険料になるが，両者はともに国民の共通財源であり，そこに公助と共助の別はない。共通財源をどのように分配するかを決めるのは国民自身である。

　橘木俊詔（『貧困大国ニッポンの課題』2015 年）はこう言う。
　　日本経済の不振の中で貧困が拡大しているにもかかわらず，生活保護を含めて社会保障制度が対処できていないため，その抜本的改革が必要である。財源に関しては消費税を引き上げ，それによって国民一律の老齢年金をま

かなうべきである。その際，消費税には累進を導入するとともに，支払い済みの保険料を国民にすべて返還する。また，企業年金・企業福祉も廃止し，その分を労働者の給料に回すことにする。老齢年金の最低基準は現行の実態から計算して夫婦17万円，単身9万円とする。誰もが老後に安心できる老齢年金制度を前提とするなら，実用教育の重視によって人口減少の中でも経済のゼロ成長（定常状態）は可能である。

　社会保障の二つの制度のうち，一方の岩田は生活保護制度の解体を通じて，他方の橘木は社会保険制度の解消を通じて社会保障制度の再編を提案する。それに対して両制度のはざまに視線を向けるのが宮本太郎（『共生保障』2017年）である。宮本はこう言う。

　　両制度のはざまに落ち込んでいる人々の生活保障のためには，就労と居住のための共生（支え合い）の場を作り，支える側を支え直し，支えられる側に参加の機会を与えるという，間接的だが抜本的な改革が不可欠である。具体的には一般的就労と生活保護のあいだに多様な働き方を生み出し，私的居住と施設のあいだに共同の居場所を設ける。ただし，それを実現するために地域の実践例に学び，行政の仕組みを変える必要がある。基本的に北欧型の社会的投資路線をめざすが，経済成長や家族・コミュニティ再生の観点も排除しない。財源に関しては増税が避けられないが，その前提として政治に対する国民の信頼が不可欠だ。

　ここまで紹介してきた経済と福祉の専門家の見解に対して

は二つの疑問がある。

　一点目。経済再生と社会保障制度改革を連関させて捉える見地が弱い。一方の経済の専門家は経済再生が実現すればそのまま社会保障制度が維持されると見ている。他方の社会保障の専門家は財源を当てにしたまま社会保障制度の改革を論じている。経済と社会保障をつなぐのは財源であるが，これが世代間格差を生み出している。税制を含めた三者の共通のプラットフォームは何か。私見ではその鍵は働き方，それも有償ボランティアにある。この点は最終節で改めて取り上げる。

　二点目。経済学も社会保障制度も，本来は人々の生活の豊かさを目標にしている（橘木 p.210，西部 p.13）。しかし，経済学者のいうマネーや労働時間が直ちに豊かさに結びつくわけではない。この点で国民の豊かさ（富国）を捉える指標作りが決定的に遅れている。他方，社会保障の専門家は貧しさの観点から生活を捉えており，社会保障を問題する以上それは当然ともいえるが，その提言からは貧しさの対極にある豊かさの全体イメージが伝わってこない。

　「豊かさ」は「生活」の豊かさである。ところが，豊かさの指標は収入に偏り，そのイメージも貧しいままである。なぜか。「生活」の捉え方が根本的に貧しいからではないか。それでは「生活」とは何か。その豊かさは「幸福」といかにつながるのか。次節では「生活」概念の捉え直しに着手しよう。

## 7　生活の豊かさ

　手始めに実際に活用されているか，活用されたことのある

指標を調べてみたい。その一つが「生活保護法」の「生活」
であり，これは貧しさの観点から規定されている。もう一つ
が「新国民生活指標」の「生活」であり，こちらは豊かさの
観点から設定されている。

　1950年創設の「生活保護法」には本書の第2章でも言及
したようには八つの扶助が含まれている。すなわち，（狭義
の）生活扶助，住宅扶助，教育扶助，医療扶助，介護扶助，
出産扶助，葬儀扶助，生業扶助である。ここで「生活扶助」
は日用品の消費に関わる。「生業扶助」は就業支援であるが，
高校通学が考慮されているから70年のあいだ捉え方に変化
がないことが分かる。なお，「介護扶助」は介護保険制度の
施行後に付加されたから，それ以前は長らく七つだったこと
になる。

　さて，八つの扶助の相互関係であるが，解説がないので推
測するしかない。まず，生活と住宅は生存のための基盤であ
り，それなしには生きていけない。次に，教育は人の成長に
とって，医療は傷病の癒しのために，介護は老齢が不可避で
あるから，それぞれ生活に不可欠である。他方，出産と葬儀
は一時的であり，生業は人によって異なるから特殊である。
以上のように相互関係は捉えられるとしても，なぜこの八つ
になるかは不明である。

　次の「新国民生活指標」は1980年に経済企画庁国民生活
局によって作成され，2000年まで活用された（2002年には
20年間の傾向を分析した報告書が出ている。西部p.14）。ここ
では八つの活動領域と四つの価値基準が設定されている。八
つの活動領域は「住む」「費やす」「働く」「育てる」「癒す」
「学ぶ」「遊ぶ」「交わる」であり，四つの価値基準は「安心・
安全」「公正」「自由」「快適」である。

　作成当時の雰囲気だろうか，ネーミングにはセンスを感じる反面，概念としては漠然としている。そもそもなぜ活動領域がこの八つになり，価値基準がこの四つになるかの説明がない。また，活動領域でも価値基準でもそれぞれの次元が相互にどのように連関するかも分からない。さらに，「生活保護」の「生活」の八つの扶助との整合性も問われる。とにかく以上が不明なのだ。

　そこでコミュニケーションの四次元相関の論理を用いて「生活」概念を再構成してみる（詳細は森下 2020 第 7 章と第 4 章）。


(1)　人間の「生（life）」は「生命」「生存」「生活」「人生」「生涯」などのように多義である。そこでそれらを整理して「生存」「生活」「人生」の三層を基軸として設定する。「生命」は「生存」の土台として組み込まれ，「生涯」は「人生」に包含される。

(2)　「生存」の層は生命を土台とする生物行動である。この生存の層を基礎にして成り立つのが「生活」の層であり，その土台は人間的活動，すなわち相互的コミュニケーションである。三番目の「人生」の層は「生活」の層を基礎にし，すべての人間的活動の全時間，すなわち寿命を土台とする。

(3)　「生」には「質」があり，主観的と客観的に区別される。この科学版が QOL 概念である。「生存の質」の客観的側面は身体の動作や状態であり，主観的側面は健康感覚である。「生活の質」の客観的側面は仕事・家族などの社会環境であり，主観的側面は幸福感になる。「人生の質」は客観的な社会時間（例えば後述する経済領域

の効率やスピード，共同領域の忍耐や交感）と主観的な
人生観・死生観からなる。

（4）生活の層の人間的活動は相互的コミュニケーションの
四次元セットとして捉えられる。四次元とは，① 生存・
効用をめざして協働する実用型コミュニケーション，②
共感・同調をめざして助け合う共助型コミュニケーショ
ン，③ 利害の調整や妥協をめざす統合型コミュニケー
ション，それに ④ 価値や理想の実現をめざす超越型コ
ミュニケーションである。これらの四次元の相互的コ
ミュニケーションのワンセットが一人ひとりの「生活」
の実質であり，そのうちのどれが欠けても「生活」は不
完全になる。

（5）相互的コミュニケーションの四次元はさらに主要十六
タイプに細分される。① 実用型コミュニケーションに
含まれるのは労働，技術，交換，生計に関わる活動タイ
プである。② 共助型コミュニケーションには教育，福
祉，医療，世話（育児・介護）に関わる活動タイプが含
まれる。③ 統合型コミュニケーションには公論・社交，
行政，政治，司法に関わる活動タイプが含まれる。そし
て ④ 超越型コミュニケーションには遊戯・娯楽，芸術・
スポーツ，学術・科学，宗教・哲学に関わる活動タイプ
が含まれる。

（6）相互的コミュニケーションの同一タイプ同士がつなが
り合う中から，機能的な「社会システム」領域が形成さ
れる。実用型コミュニケーション同士からは経済領域，
共助型コミュニケーション同士からは共同領域，統合型
コミュニケーション同士からは公共領域，そして超越型
コミュニケーション同士からは文化領域が生成する。

（7）社会システムの四領域は相互的コミュニケーションの十六タイプに対応して主要十六分野に細分される。① 経済領域には労働・産業，技術・テクノロジー，市場，生計（暮らし）の各分野が含まれる。② 共同領域には福祉，医療，育児・介護，教育の各分野が含まれる。さらに③ 公共領域には行政，メディア・公論，政治，司法の各分野が含まれる。そして④ 文化領域に含まれるのが余暇・娯楽，スポーツ・芸術，科学・学術，哲学・宗教の各分野である。

　ここまで「生活」概念を再構成してきた。結論を言えば，生活とは人間的活動，すなわち経済・共同・公共・文化の四領域十六分野に広がる相互的コミュニケーションのネットワーク（織物）である。このネットワークの広がりの範囲と深まりの度合いに応じて，生活は豊かにもなれば貧しくもなる。豊かさは相互的コミュニケーションの展開の仕方と相関している。一般の理解では「生活」は経済領域の生計分野を指すが，これは狭く限定された捉え方である。

　人間的活動の全体の豊かさの程度に応じて幸福感も高まったり低まったりする。本書の第5章では幸福感を ① 目標達成感，② 安心充実感，③ 承認自尊感，④ 理想向上感の四次元セットとして捉えた。四次元セットの幸福感は生活の主観的質であり，人生の幸福観の基礎になる。

　以上のように再構成された生活概念に照らして「生活保護」と「新国民生活指標」を見直してみよう。

　一方の「生活保護」でいう「生活」は「生活」の層の最低レベルであり，しかも四領域のうち①と②しか満たしていない。他方の「新国民生活指標」は「生活」の四領域に満遍な

く対応しているが，十六分野として見ると遺漏と曖昧さが目につく。また，四つの価値基準は活動ではなく意味づけの観点であるが，これについても四である理由が機能的に説明できる（観点については森下 2020 第 5 章）。

　現代人の生活の最低レベルを維持する条件は日用品消費，住宅，スマホである。日用品消費については説明には及ばないだろう。住宅は生活の土台である。スマホは現代人が社会とつながるほとんど唯一の窓であり，これなしにはデジタル社会を生きていけない。生活を維持する最低限の収入ラインは住宅費次第で変わる。岩田や橘木の試算によると一人につき約 11 万円程度になる。そのうち水道光熱費込みの住宅費とスマホ料金を合わせた 6 万円弱が固定費になる。最低限のライン以下が絶対的貧困と呼ばれるが，貧困対策の要は住宅費補助である。

　人の生き方とは具体的には生活の仕方であり，生活の仕方とは人間的活動としての相互的コミュニケーションの展開の仕方にほかならない。ただし，生活の最低水準が保障されていなければ生存も危うくなり，これを基礎にする相互的コミュニケーションを展開できない。展開できなければ豊かな生活は望めない。生活の豊かさは人が幸福を感じるための条件なのである。


## 8　有償ボランティア

　生活とは人間的活動，すなわち相互的コミュニケーションが繰り広げられるネットワーク（織物）であり，時間と対比させるなら水平的な空間的コミュニケーションである。無数の個人のコミュニケーションの背後には集団のコミュニケー

ションが控えている。個人のコミュニケーションのネットワークが互いにつながり合う中から集団のコミュニケーションネットワークの場が形成され，こうして形成された集団のネットワークの場の中に個人のネットワークが織り込まれてつながり合う（この論理については森下 2019）。

　本書の第 5 章で提示したように，コミュニケーションにはもう一つ，死者と生者のあいだの時間的コミュニケーションがあり，これが空間的コミュニケーションと垂直に交わる。ここでも個別の死者と生者の時間的コミュニケーションの背後には死者集団と生者集団のコミュニケーションが控えている。その中で個人は年代集団としての世代の一員であり，世代責任を負いながら空間的コミュニケーションを繰り広げている。

　したがって，老人世代に問われている世代責任は，時間的コミュニケーションにおける役割を空間的コミュニケーションの中で実現し，それを通じて社会の「みんなのもの（レス・プブリカ）」を個人の幸福のミニマム基準によって洗練し継承することである。

　それでは，この章のテーマである「ポスト福祉国家」の改革の担い手として老人世代は具体的にどのように活動すればいいのだろうか。

　ポスト福祉国家の課題は，労働人口が減少する中での経済再生であり，高齢者人口が増える中での社会保障制度の持続であり，財政赤字の解消と世代間格差の是正である。『ライフシフト 1・2』が指摘するようにその鍵を握るのは老人の働き方である。しかし，それはふつうの老人にとってどのような働き方であろうか。一歩踏み込んで具体的に考えるとき浮かんでくるのが，『ヘルプマン』シリーズで打ち出された

## 8 有償ボランティア

「有償ボランティア」という働き方である。

「有償ボランティア」とは何か。報酬のある仕事と報酬のないボランティア活動のどちらでもあるし，またどちらでもないような人間的活動である。特徴をあげてみよう。それは利潤を追求しないが一定の収益はある，ボランティアだが責任を伴う，報酬をもらう以上義務も発生する，他者の期待に応えることでやりがいがある，時間的に融通が利く，補完として頼まれやすい，組織の中の人間関係に煩わされない，遊びの要素が多分に含まれるなど，要するにマルクスの言葉をもじれば「疎外されない労働」ということになる。[*]

有償ボランティア導入の利点またはプラスの効果をあげてみよう。

第一に，有償ボランティアは老人の働き方としてふさわしい。体力が衰え始めた老人には四領域十六分野の中でもとくに共同領域が向いている。この領域に含まれる福祉，医療，育児・介護，教育の各分野には，貧困をはじめ，避難，窮乏，疾病，世話，介護，文盲，無職，職業教育，リテラシー，道徳教育，社会人教育など，社会人の基本と生活の最低限レベルに関わる多くの問題があり，老人世代の積極的な協力が求められている。

　第二に，有償ボランティアには介護予防効果がある。健康
　寿命を延ばすために介護保険ではデイサービスが導入さ
　れたが，そこでは老人はどうしても受け身になりがち
　だ。有償ボランティアの場合は老人が主体的に活動する
　ことで身体と頭脳と社会的なつながりの好循環を積極的
　に作り出すことができる。それが結果として介護の世話
　になることを遅らせ，介護保険制度の維持に貢献するこ
　とにつながる。

　第三に，有償ボランティアによってコミュニティの姿が見
　えてくる。例えば徘徊の見守りは通常，行政とボラン
　ティアの連携によって支えられているが（例えば富士宮
　市），ここに有償のボランティアが関与すれば特定の個
　人に対する継続した見守りが可能になる。それ以外にも
　互いの世話を通じて身近な他者を支援する場面は多い。
　このような互助のつながりを通じて，福祉は上からの施
　し，人助けは無償，介護はもっぱら家族，介護する側と
　介護される側は固定といった，老人介護をめぐる常識が
　打破される。

　第四に，有償ボランティアは長寿経済に貢献する。多少の
　収入が得られると消費が活発になる。老後を心配して貯
　め込んでいたお金が地域に回るようになり，地元の商店
　街をはじめ地域経済が活性化する。豊かな長寿経済が少
　しずつ動き出すなら財源も確保され，延いては財政赤字
　の解消につながる。ただし，ここで回る貨幣＝通貨が何
　かについては第7章で再論する。

　第五に，有償ボランティアは世代間格差の是正につなが
　る。社会保障の公費補完が財政赤字の一番の要因であ
　り，問題の先送りが世代間格差を生んでいる。消費税率

156

のアップ分では毎年増え続ける赤字を解消できないし，アップにも限界がある。経済学者の鈴木亘は，国民から広く薄く徴収するのではなく，増加する高齢者層に的を絞り，徴収された年金を超過した支給分を死後に相続税として返還してもらう案を出している（鈴木 p.140-141）。有償ボランティアによって収入が得られると，年金超過分の返済を受け入れる心理的基盤ができ，老後の資金を貯め込むより消費や贈与に回すことで格差是正だけでなく，財政赤字の解消にもつながるだろう。

　もちろん有償ボランティア導入には問題もある。例えば，介護保険法では徴収した保険料が分配され，その範囲内で民間事業者がサービスを行っており，ビジネスとしては利潤が出ない仕組みになっている。有償ボランティアは老人の希望に合わせて有料のサービスを提供できるため，医療保険でいえば混合診療になる。また，有償ボランティアが事業体を立ち上げると，利潤事業体や公共事業体，非利潤事業体とのあいだで競合が起こり，協働・補完のために調整が必要となる。さらに行政のコントロールをどこまで受けるかという問題もある。以上から行政の対応や法律改正を含めて制度改革が必要になる。

　とはいえ，老人の有償ボランティアという働き方は，解決すべき問題点を抱えながらも，老人の自立，生きがいと健康，自治と互助，見えるコミュニティ作り，地域経済の活性化，長寿経済の可能性，財政赤字の解消，世代間格差の是正をもたらす潜在力を秘めていることは間違いないだろう。

　老人は超高齢社会の主役であり，ポスト福祉国家改革の当事者であり，介護保険サービスの主人公である。老人の働き

方の中でも有償ボランティアは世代責任を身近な生活の中で
具体化できる有力なコミュニケーションである。ただし，老
人の目の前にはポスト福祉国家の課題だけでなく，資本主義
的市場経済のグローバル化によってもたらされた21世紀の
課題もある。これに対する老人の立ち向かい方が最終章の主
題である。

# 第7章
## 21世紀老人の生き方


## 1 『老人と海』

　ヘミングウェイの小説に『老人と海』（1952年）がある。彼はこの一冊でピューリッツァー賞とノーベル文学賞をもらった。この「老いた漁師」の物語は時代を超えて読者に強い印象を与えてきた。そこには古典的ともいうべき老い方が描かれている。本書最終章の導入として21世紀を生きる老人にとってその古典がいかなる意味を持つかを考えてみたい。なお，『老人と海』は新潮文庫版を用い，数字はその引用ページを表す。

　老人の名はサンチアゴ。ハバナ近郊の小さな漁村に住み，メキシコ湾流で漁をしている。ここ84日間，一匹の魚もとれない日が続く。漁師仲間は老人を見て胸を痛めているが，当人はまだまだ誰にもひけをとらないと思っている。85日目の早朝，老人は大物を狙って小舟で遠海に乗り出した。やがて運よく一匹の巨大なカジキマグロが仕掛けにかかる。そこからが長い。二昼夜におよぶ死闘の末，老人は満身創痍の中でようやく大物を仕留めた。ところがその帰路，小舟にくくりつけたカジキはサメの群れに食べられてしまう。力尽き

た老人の小舟がカジキの残骸とともに帰港したのは三日目の
深夜だった。

　物語の粗筋はこのようにいたって単純である。主題は「老
いた漁師」の誇りをかけた闘いだ。老いても仕事，広く見れ
ば人間的活動は重要であり，漁師という働き方はサンチアゴ
老人の生きがいである。

　　　漁師は老いて痩せていたが，目は海と同じ色をし，生
　　　き生きとしていて，まだ挫けてはいなかった（ヘミング
　　　ウェイ p.7-8）。綱を真っすぐに保つことにかけては，だ
　　　れにもひけをとらない自信がある（p.33）。人間の力と
　　　忍耐のギリギリの限度をこれまで何度も証ししてきた
　　　が，いま再度それを証明しようとしていた。一回一回が
　　　新たな挑戦だった（p.70）。

　老いた漁師の挑戦を男性特有の行動として捉えたのはボー
ヴォワールである（ボーヴォワール p.137）。いかにもフェミ
ニストらしい見方だ。たしかに『老人と海』には「男の面
目」（ヘミングウェイ p.12），「一人前の男」（p.27），「男らし
さ」（p.98）といった言葉が頻出する。漁師の誇りは同時に
男としての誇りでもある。「男らしさ」はまた死闘を演じた
相手の魚にも当てはまる。

　　　何たる大物だ。食らいつき方も引っ張り方も男らしい。
　　　いささかもうろたえていない（p.50-51）。あれだけ貫禄
　　　があり，あれだけ立派な魚（p.69）。あれだけ堂々とし
　　　た，風格のある魚（p.80）。悠然として剛毅で自信たっ
　　　ぷりの怖いもの知らず（p.88）。死を抱え込んだ魚が最

後の生気をとりもどし，水上高くせり上がって，堂々た
る雄姿の全容と力と美を見せつけた（p.99）。

　フェミニストとは違う見方もある。訳者の高見浩によれ
ば，『老人と海』は大きな意味での自然讃歌であり，壮大な
ラブストーリーである（p.144）。ここには人間と海（自然）
との情交的とも見える共生の関係がある。これはナチュラリ
ストの見方だ。

　　[…] 老人はいつも海を女性，ラ・マールとしてとらえて
　　いた。海は大きな恵みを与えたり，出し惜しんだりする
　　存在だ。ときに荒れたり邪険に振る舞ったりしても，そ
　　れは海の本然である。人間の女と同じように海もまた月
　　の影響を受ける（p.30-31）。

　さらに，男らしさの価値や自然との共生の感覚とは別の側
面もある。それが老人と少年の関係だ。老人の側にはいつも
少年がいた。名をマノーリンという。13，14 歳くらいか。5
歳のときから老人の手伝いをし，漁の仕方を教わった。「一
人前の男」として扱ってくれる老人を心から慕い，あれこれ
と世話を焼いている。老人の方も信頼の色のこもった優しい
眼差しで少年を見ている（p.11）。帰港後のやりとりはこう
だ。

　　お前にいてほしかったぞ（p.132）。また一緒に漁に出よ
　　うよ。もっともっと，教えてもらいたいんだ（p.132）。
　　早く治ってくれないと困るんだ。教わりたいことがたく
　　さんあるし，おじいさんは何でも教えてくれるんだから

（p.132）。

　『老人と海』は 20 世紀の半ばの作品である。物語の時代
や社会背景は描かれていないし，老人の年齢も不詳である。
古典だから時代を超えているのか，時代を超えているから古
典なのかはともかく，それは見方を変えれば時代や社会環境
が捨象されているということである。ヘミングウェイはその
意味でロマンチストなのだ。

　しかし，21 世紀の老人が生きがいを追求する場合，サン
チアゴよりもはるかに複雑で困難な配慮を求められる。なぜ
なら，当事者としてポスト福祉国家の改革を担いながら，そ
の背後にある資本主義的市場経済のグローバル化によって引
き起こされた 21 世紀の課題，すなわち，環境経済，コミュ
ニティ再建，多様性の包摂，デジタル化にも立ち向かわなけ
ればならないからだ。ジェンダー問題に敏感になり，自然と
の共生を考慮しつつ，世代のつながりを意識して共助コミュ
ニティを立ち上げ，デジタルツールを使いこなすことは，老
人にとって不可能とまでは言わないが，きわめて困難である
ことに間違いない。

## 2　物象化と疎外

　ポスト福祉国家の課題に対する立ち向かい方については前
章で論じた。この章ではその背後にある資本主義的市場経済
のグローバル化に対してその世紀の老人はいかに立ち向かえ
ばよいかを考察する。その糸口としてグローバル化に正面か
ら挑んだ著作の一つ，尾関周二『21 世紀の変革思想へ向け
て──環境・農・デジタルの視点から』（2021 年）を取り上

げてみたい。

　尾関はマルクスとハーバーマスに依拠して「物質代謝史観」を提唱する。人間と自然の交渉（つまり生活過程）を生産中心の観点から捉える唯物史観に対して、生産つまり労働だけでなく、再生産つまり生殖を含めて「生活」を捉え返し、さらに生活の基盤に生命過程があることを強調する<sup>(＊)</sup>。物質代謝の過程の中軸は生命価値に基づく農の営みであり、デジタル技術はその農をアシストするために活用される。資本主義を乗り越えた先に展望されるのは、工業労働と農の協働に基づく「労農アソシエーション」、実質的には農業主体の共同体（共産主義）である。

　　（＊）ハーバーマスは労働に対して言語コミュニケーションを独自の次元として位置づけ、言語コミュニケーションのネットワークとして「生活世界」を捉えた上で、これが資本主義システムによって「植民地化」されていることを批判する。そのハーバーマスは言語以外のコミュニケーションをコミュニケーションとして認めないが、尾関は身体のやりとりを含めてコミュニケーションと捉えている。

　尾関は「生活」の基礎に生命過程を据える。この点に異論はない。第6章で説明したように、人間の相互的コミュニケーションの広がり（生活）の基盤には生存の層があり、生存の土台は生命過程である。そして生命過程の基礎は物質過程である。しかし、物質と生命の基礎の上に展開される「生活」の層の捉え方が尾関では狭く偏っている。四領域十六分野のうち、生産＝労働は実用型の活動群のうちの一つにすぎず、他方の再生産＝生殖も「生存」に基づく共助型の活動群のうちの「世話」に対応するだけだ。

　生活概念の偏狭さは資本主義に対する基本スタンスにも反

映する。尾関はマルクスに依拠して資本主義を「物象化」の
観点から否定する。「物象化」とは粗くいえば「人と人との
関係が物と物との関係になる」ことであるが，マルクスはそ
れを以下のように，① 商品市場システムの機能，② 資本主
義の中での物化，③ 労働人間観に基づく疎外という三つの
次元で捉えている。

(1)　生産物や労働力を交換するコミュニケーションの中
　　から商品市場がシステムとして成立すると，人々は商品
　　または労働力商品の売り手・買い手として現れる。続い
　　て商品市場システムの中から資本主義が形成されると，
　　労働力商品の売り手・買い手がもっぱら賃金労働者・資
　　本家になる。ここで「商品」がシステムの機能としての
　　「物」である限り，「労働力商品」も実体としては「人」
　　であるが，システムの機能としての「物」になる。この
　　システム機能が物象化①である。
(2)　「労働力商品」は実体から見ればあくまで「人」で
　　あって「物」ではない。ところが 19 世紀に発達した資
　　本主義の経済システムでは，賃金労働者はそれ以外の選
　　択肢がないため弱い立場に置かれ，劣悪な職場環境の中
　　で低賃金の長時間労働を強いられた。そして事実上「人
　　間＝人格＝労働者＝労働力商品」が「労働力商品＝物件
　　＝奴隷」として扱われた。「人＝労働力商品」が「労働
　　力商品＝物」となることが物象化②の「物化」である。
(3)　マルクスが「物象化」を否定する根拠は，自己意識
　　を持って自己を対象化する労働の中で他者と共同すると
　　いう労働中心の人間観である。資本主義システムでは労
　　働の成果（生産物）は自分のものではなく，労働そのも

164

のも自分の主体的な活動ではない。そこにはまた協働による共同もないから，労働の喜びや生きがいを感じられない。自分をもはや人間だと感じられないということが物象化③の「労働＝人間」疎外である。

　物象化①は市場というコミュニケーションシステムの機能である。物象化②の本質は価値増殖，つまり利潤の最大化を求める「資本」にある。資本の際限なき運動に人々の欲望が巻き込まれると，あたかも物化が自然な事実のように浸透する。しかし，商品市場システムが直ちに資本主義システムではなく，資金調達は資本の仕組みには限られない。
　マルクスでは①と②が区別されることなく，③の観点から「労働力商品」が否定されている。そのため疎外が「労働＝生活」の疎外に限定されている。尾関ではそこにさらに「生殖＝生活」の疎外が加えられている。
　しかし，前章で導入した「人間的活動＝相互的コミュニケーション＝生活」の観点から見ると，今日蔓延しているのは労働と生殖や生命だけでなく，それらを包含する生活全体の縮小化・偏狭化・弱体化であり，その意味での「貧しさ」である。そこにはまた社会システム相互の機能不全による生活からの構造的な排除も含まれる。疎外概念をあえて用いるなら「人間的活動＝生活」全体の疎外であると言えよう。

## 3　ローカルマネー

　生活全体の貧しさとは，第6章で説明したように人間的活動の全次元，すなわち四領域十六分野に広がる相互的コミュニケーションのネットワーク全体の貧しさである。それ

では，生活の貧しさをもたらすグローバル化に対してどのように立ち向かえばいいのだろうか。尾関はその鍵を「農」に見出している。たしかに農林水産業は生命と文化の両面で重要であろう。しかし私はむしろ農を含めたあらゆる領域・分野，とりわけ共同領域の中に「有償ボランティア」を浸透させることが，老人世代にとってはより重要だと考えている。

　有償ボランティアは適正な利益を求めるが，際限なき利潤を求めることはない。この働き方を有償労働や無償ボランティアと並んで生活の中に位置づけるためには，法律改正を含めて制度・行政面の種々の工夫が必要になる。この点については既述の通りであるが，なお重要な論点が論じ残されている。それが有償ボランティアの「有償」を可能にするコミュニケーションのメディア（媒体），つまり貨幣（通貨）である。

　有償ボランティアであっても収入をえて物品・サービスを購入する。このとき支払いのコミュニケーションでやり取りされる貨幣とは何か。中央銀行発行の法定通貨であろうか。それともそれ以外の通貨であろうか。

　一国一通貨制の下での法定通貨は万能である。しかし，その万能性が「資本」の価値増殖の原動力となって生活の疎外だけでなく，金融の不安定性，経済格差，地域経済の崩壊をもたらしている（西部 p.147）。他方，「仮想通貨」が登場し拡大している中で，一国一通貨制の下で中央銀行が貨幣発行を独占することが揺らぎ始めている（西部 p.309）。法定通貨は 21 世紀ではすでに時代遅れとなっている。<sup>(*)</sup>

　（＊）同様の問題点は国債にも当てはまる。社会保障給付金の赤字分を補填するために公費が投入されているが，公費の原資は国債（国家の借金）である。政府発行の国債は主に国内金融

機関が購入し，購入金を日銀の当座預金に預け，その利息の支払いを受けている。一般に長期金利が低く設定されている場合，国債価格が下落することは考えられない。しかし，国内金融機関といえどもすでに国際化しているため，国際金融と日本経済の状況次第では国債を（安く）売りに出さないとも限らない。そうなると国債価格が下落し，それが連鎖反応を呼んで国債が暴落することになる。その結果，国家財政が破綻し，延いては国民の生活も崩壊する。

　以上を考慮するなら，有償ボランティアにふさわしい貨幣とは，生活の疎外と地域経済の崩壊を加速する法定通貨ではなく，むしろローカルマネー（地域通貨）のような新しいタイプのコミュニケーションメディアであろう。ローカルマネーには種々のタイプがある。地元商店街でのみ使用可能なクーポン券や，地域限定のポイント制度と仮想通貨の結合もその一例である。これらに共通する目的は利潤の追求ではなく，地域経済の活性化であり，それを通じてコミュニティを再生することである（西部 p.191，389-410）。

　有償ボランティアとローカルマネーの観点から，環境経済や，コミュニティの再建，多様性の包摂，デジタル化といった 21 世紀の課題群をポスト福祉国家の改革の延長線上に位置づけてみると以下のようになる。

　第一に，長寿経済の豊かさの追求は，ローカルマネーの利用による地域経済の活性化を通じて環境との両立に配慮することが求められる。
　第二に，互助を通じた地域の支え合いは，住居の再編成から自治体の組み立て直しをへて国土の改造にまで及ぶ。
　第三に，年金改革や貧困対策の先には，多様な生き方の尊

重，異論への寛容，構造的に排除された人々の包摂が
待っている。
第四に，デジタル化の中でみんなのもの（レス・プブリカ）
を継承するために，ナチュラルなものとデジタルなもの
を融合する新たな文化を創出することが求められる。

　要するに，21世紀を生きる老人に求められるのは，21世
紀の課題をたえず意識しながら，それと連関づけてポスト福
祉国家の改革の一翼を担うことである。そのうち四点目のデ
ジタル化の中の新しい文化については特別の注意が必要であ
ろう。

## 4　創発的共生の文化

　『ライフシフト1・2』の著者たちは長寿化と並んでデジタ
ル化に注目し，これを積極的に受け止めることを強調した
が，実際にはコンピュータ技術の活用にとどまっていた。尾
関もまたデジタル化に注目するが，その活用は農業生産のア
シストに限定されている。しかし，デジタル化はたんなる計
算機や通信技術にとどまらず，ナチュラルな生命過程を基礎
にした従来の人類文化の根本的な変容を迫っている。
　この観点からデジタル化を本格的に論じたのが大黒岳彦
『ヴァーチャル社会の〈哲学〉──ビットコイン・VR・ポス
トトゥルース』（2018年）である。大黒の構想を糸口にして
老人世代がデジタル化をいかに受け止めたらいいのかについ
て考えてみよう。
　大黒はルーマンとマクルーハンに依拠して「メディア史
観」を提唱する。社会システムという意味のコミュニケー

ションを方向づける構造がメディアである。21世紀の機能
分化社会では，IT革命に引き続いて出現したVR革命によっ
て，メディアのパラダイムが中心放射型の「マスメディア」
からフラット分散型の「ネット‐ワーク」にシフトした。
「VRヴァーチャルリアリティ」とは，潜在的な素材の合成
によって生じる一時的な顕在的現実である。しかし，素材の
たんなる戯れからは価値は創造されない。とすれば，未来に
広がる「ヴァーチャル社会」の中で人々の思考と行動を方向
づけるのは，コンピュータが提示する「適正値」しかないの
だろうか。[*]

> （＊）ここでは大黒が読者に問いを投げかけていると解釈する。
> なお，大黒は「メディア」を主題にしているため「生活」は考
> 慮の外にあるが，「生活」を考慮しないのはその理由だけなく，
> そもそも社会システムを意味のコミュニケーションとしてだけ
> 捉え，その担い手である人とその身体，したがって行為をシ
> ステムの外部に括り出しているからでもある。意味のコミュニ
> ケーションから行為を切り離す観点はルーマンに由来する。行
> 為が相互的コミュニケーションシステムの外部に括り出される
> なら，社会システムに「生活」固有の次元はない（ルーマン）。

　大黒は「ヴァーチャル（virtual）」を「潜在（potential）／
顕在（actual）」の枠組みで捉えている。潜在的なものは素
材・パーツとしての質料であり，この素材・パーツの合成に
よって顕在したものが現実となる。素材はいかようにも組み
合わされるから，合成された現実はいつでも仮初めであり，
たえず流動する。そのため顕在した現実が「自然＝物理」モ
デルのソリッドなリアリティを持つことはない。
　バーチャルなものを「潜在／顕在」の枠組みで捉えること
に異論はない（大黒からの引用を除いて「バーチャル」と表

169

記する）。問題はその解釈である。大黒は潜在的なものを二値のデジタル素材とみなし，その合成から現実が顕在すると捉えている。したがって「潜在／顕在」は「素材／合成」になる。しかし，私の考えではこの「素材／合成」はナチュラルなものには当てはまらない。

　ナチュラルな物質や生命や人間の場合，生成する際にコミュニケーションのネットワークの場の中で周囲から影響を受けつつ，周囲に影響を与える。そのとき不可避的に傾きや，偏り，歪み（中立的な意味でのバイアス）が生じる。その結果，潜在するのはバイアスをもった多値の要素からなるパターン（型）であり，この「パターン（型）」の表現として多様な「形」が顕在する。つまり「潜在／顕在」は「パターン（型）／形」になる(＊)。

　　　（＊）生物の遺伝情報はしばしば「デジタル」と説明されるが，これは精確ではない。DNA の塩基には四種があり，そのうち特定の二種が対関係を構成する（RNA ではべつの四種二対になる）。したがって遺伝情報は 0 と 1 の二値の合成ではなく，四値二対という多値からなる非対称パターンの組み合わせである。この点は量子を含む物理現象にも当てはまると考えられる。二値はフォン・ノイマン型のコンピュータの作動原理である。

　たしかにナチュラルなものはすべてデジタルに合成できる。なぜなら，ナチュラルなパターンは「非連続の連続量」として関数（方程式）によって近似的に表現され，その関数をデジタルに変換できるからである。その結果，合成されたバーチャルなものは元のナチュラルなものに「近似」する。しかし，生成するナチュラルな現実（リアリティ）は非対称・不可逆であり，合理的に構成されたデジタルの現実（リアリティ）とは異なる。

170

　ナチュラルなものとデジタルなものは互いに異質であり，その根本には多値と二値の違いがある。とはいえ，バーチャルな近似を介して両者は重なり合う。そしてそこに異質同士だからこそ「創発」が生じる。創発とは「1 ＋ 1 ＝ 3」のように要素同士の特徴にはない特徴が関係全体に生じることである。創発効果を生み出す異質なリアリティ同士の融合を「創発的共生」と呼びたい。この「創発的共生」を「生活」の中に導入すれば，「生活」全体が活性化し，貧しさが豊かさに転換する可能性が生じる。[*]

　　（＊）身近な例としては将棋がある。作動原理を異にする AI と
　　人間の思考が切磋琢磨する中で，将棋の世界がかつてない高み
　　に押し上げられている。また看護師の例では，人間の看護師と
　　ロボットの看護師がペアを組むことで，互いの短所を互いの長
　　所で補い合って質の高い看護が実現すると期待される。

　デジタルなものとナチュラルなものとの融合による創発的共生の観点から相互的コミュニケーションの全体を捉え直すことは，21 世紀のデジタル時代を生きる人々にとって必須の作法である。とりわけ 21 世紀老人は生活の中に率先してデジタル文化を取り入れることが求められている。具体的にはこうなる。

　第一に，働き方や暮らし方に SNS やリモートを活用する
　　と，労働時間が短縮し，それを通じて生活の仕方が変わ
　　り，さらには空間の再配置にもつながる。
　第二に，地域コミュニティの互助にデジタルネットワーク
　　がつながると，顔の見えるコミュニティが地域を超えて
　　広がる。

　第三に，行政とのあいだでアクセスの簡素化・効率化が実現し，行政データベースが蓄積されると，それを活用して行政の監視や参加，さらに政治の監視や参加が容易になる。

　第四に，異質な存在同士の創発的共生は，差別の根本にある「人間／異類」の分割を流動化することによって，多様な生き方に対する寛容や，動物，AI，ロボット，サイボーグとのあいだで新しい関係を形成する。

## 5　サイボーグ

　デジタルなものとナチュラルなものとの創発的共生の例は様々である。例えば，亡き妻の映像と歌声をデジタルに合成し，一緒に舞台で演奏し続けている男性がいる（NHK 総合テレビ「所さん！大変ですよ」2021 年 7 月 15 日放送）。ローカルマネーと仮想通貨の融合もその一例である。あるいは，ナチュラルなもの同士のあいだでも創発的共生は成り立つ。例えばペット動物と人間の共同生活は，語れないか，語らない相手とのコミュニケーションに止まらず，さらに及んで命あるすべてのものとのコミュニケーションに対して新しい見方を開示してくれるだろう。

　ここではとくに「サイボーグ」という存在に注目してみる。サイボーグとはサイバネティク・オーガニズム（自動制御型有機体）の略であり，機器・機械を埋め込んだ人造人間を意味する。今日では広く機器・機械と生体との合成体を指し，脳とコンピュータと機器・機械の接続回路（BMI）のように機器・機械がデジタル化されている。

　例えば，神経性難病患者の多くが語れなくなる。その一

つ，ギラン・バレー症候群を発症した患者の場合，4ヶ月に及ぶ意識不明状態から意識が戻ったとき，一切の自己表出ができず，じっと天井を眺めているだけだった。身動きが取れない中で何のために生きているのかと考えて絶望した。そのとき救いとなってくれたのがタブレット（iPad）である。タブレットを通じて自分の意思を伝えることができた患者は生きる意欲を取り戻し，デジタル機器を工夫して周囲の人たちと積極的にコミュニケーションをとるようになった。そして自分の体験を本にまとめたのだ（NHK「あさイチ」2022年8月31日放送）。この患者はサイボーグではないが，デジタル機器と必要時に接続してサイボーグ化している患者もいる。

　英国のロボット科学者ピーター・スコット‐モーガンさんは2017年，57歳のときにALSと診断されたが，61歳のとき世界初の人型サイボーグ「ピーター2.0」となった。彼はコンピュータと接続していることで口を閉じたままどんな言語でも，もちろん日本語も話すことができる（「日本の皆さん，こんにちは」）。彼は日々能力をバージョンアップして脳の可塑性を証明し，「Dis-abled」を「Trans-abled」に転換させると意気込み，身体だけではなく住宅をハイテクに拡張するつもりだと語る。彼にはパートナーのフランシスとその甥が付き添い，ITプラットフォーム企業の技術者チームが全面的に支援している（NHK「クローズアップ現代＋」）。

　そして2022年，ついに彼の人体機能が完全に停止したため，「ピーター2.0」は予定通り完全サイボーグ化して「ピーター3.0」となった。その外見は「スター・ウォーズ」に登場するダース・ベイダーが車椅子に座っている姿形によく似ている。その体内にそれまでの記憶がすべて保存されている。「ピーター1.0」はモーガン博士である。「ピーター2.0」

もモーガン博士である。それでは完全サイボーグの「ピーター 3.0」は誰であろうか。

　私は老人世代の死に方に関して死者がサイボーグとなって存在し続けるという選択には疑問をもっていた。しかし改めて考えてみれば，コミュニケーションの中でイニシアティブをとるのは語る側の人である。この場合はパートナーのフランシスとその甥である。彼らが「ピーター 3.0」をモーガン博士と認めてコミュニケーションをとり続ける限り，「ピーター 3.0」はモーガン博士なのだ。死者がサイボーグとして現れていると見るなら，サイボーグとしての死者も特別ではない。これも創発的共生の一例である。

## 6　老いの思想の観点

　第 2 章から第 7 章のここまで，寿命 100 年となった 21 世紀の老い方にとって拠り所となる思想の枠組みを描いてきた。それは老いの三条件，すなわち四つのステージの役割の統一，ポスト福祉国家の改革の担い手，資本主義的市場経済のグローバル化への立ち向かい方を総合する指針である。ここで改めてその全体を振り返ってみよう。

　第 1 章では老人介護をめぐる常識を問題にした。『恍惚の人』から今日までの 50 年，介護する側と介護される側は分断・固定，介護の担い手はもっぱら家族，福祉は上からの施し，ボランティアはあくまで無償といった常識は，基本的には変化していない。しかし，変化の兆しは現れている。その新たな方向は老人の自立と互助であり，それらを総合すると「有償ボランティア」という働き方が浮上する。このとき問われるのは有償ボランティアを担う老人の自己イメージであ

る。

　第2章では老人の自己イメージとの関連で老いの時間的存在と性的存在を考察した。老いの現在は死者とのコミュニケーションを織り込むなら過去と未来に開かれている。他方，性愛の欲望は「見られる／見せる」という他者との視線の交錯の中で美意識によって洗練される。そこに死者から見られる，死んでからも生者から見られるという視線を組み込むとき，美学と死学の統合によって老人の自己のイメージが成立する。

　第3章ではエイジズム（老人差別）を問題にした。老人も生産的で役に立てるかをめぐって「できる／できない」という対立構図がある。しかし，エイジズムの根幹には「老い／若さ」があり，さらにその根源には「文化／自然」あるいは「人間／動物」という根本差別がある。それゆえここまで視野に入れない限りエイジズムを乗り越え，「役に立つ」ことの意味を転換することはできない。これに応えるのがコミュニケーションでは誰もがパートをもち，したがって語れない相手にも役割があるという観点である。

　第5章では老いの最期の生き様を問題にした。老人医療資源の削減と老人の尊重を両立させるためには，たんなる個人ではなく，世代の一員として「みんなのもの（レス・プブリカ）」（歴史的社会的共有価値）を継承するコミュニティが求められる。死者集団と生者集団のコミュニケーションを担えるのはライフサイクル年代集団としての世代であり，世代同士の時間的な連なりが死者集団につながる。ただし，「みんなのもの（レス・プブリカ）」をたえずふるいにかけて洗練するためには「幸福感のミニマム」基準を必要とする。そして老人の最後の役割は人生の最期に臨んで自分の死に様を

次世代の人たちに見てもらうことである。

　第 6 章ではポスト福祉国家の改革を担う役割に焦点を合わせた。ここで問われるのが「生活の豊かさ」である。生活とは四領域十六分野に広がる相互的コミュニケーションのネットワーク，つまり人間的活動の全体であり，豊かさはその生活の展開の仕方に相関する。死者集団との時間的コミュニケーションを通じて継承された「みんなのもの（レス・プブリカ）」を，空間的コミュニケーションの生活の中で展開し洗練する際，中心的役割を果たすのが「有償ボランティア」という働き方である。

　第 7 章では資本主義的市場経済のグローバル化によってもたらされた 21 世紀の課題への立ち向かい方を問題にした。資本主義的市場経済の拡大深化，つまりグローバル化の本性は利潤を追求する「資本」である。それによってもたらされた「生活」全体の貧しさに立ち向かうには，利潤を生まない無償ボランティとこれを可能にするローカルマネーが必要である。他方，デジタル化に対してはナチュラルなものとデジタルなものを融合することで新たに創発的共生の文化が生じる。21 世紀の老人も創発的共生の観点を生活に取り入れることが求められる。

　以上を通じて明確になった老いの思想の枠組みをまとめると以下のようになる。

　(1)　個人において死者との時間的コミュニケーションが生者との空間的コミュニケーションと交わる。後者は四領域十六分野に広がる人間活動，つまり相互的コミュニケーションのネットワークであり，この展開の仕方が広義の「生活」である。そしてその「豊かさ」は生活の範囲と深まりの度合いに相関する。

176

（2）　個々人のコミュニケーションネットワークの織物から形成された集団の時空的コミュニケーションネットワークの場が，個人の時空的コミュニケーションネットワークを包み込んでいる。集団の時空的コミュニケーションの結節点がライフサイクル年代集団としての世代であり，個人はその世代の一員である。

（3）　集団ネットワークの場の中で価値あるものとして継承されてきた共有財産，すなわち「みんなのもの（レス・プブリカ）」を継承するは「ライフサイクル年代集団」としての世代である。他方，世代の一員としての個人の核心には「幸福感のミニマム」がある。みんなのもの（レス・プブリカ）は生活の四領域十六分野における固有の論理に従って進化するが，その進化をふるいにかけて洗練する外在的な基準が幸福感のミニマムである。両者は集団と個人という異なるレベルにあるためたえず緊張関係にある。

（4）　21世紀老人の生き方の四つのステージを支える世代責任の観点を具体化すると次の五つである。

第一は，他者とのコミュニケーションの基底には「語れない」か「語らない」相手とのコミュニケーションがあるという観点である。そのような相手とは例えば，認知症の老人，動物，AIロボット，死者，これから生まれてくる者である。この観点がすべての観点の原点になる。

第二は，老いた自己のイメージは，「見られる／見せる」視線の交錯の中で他者を意識することによって美的に形成されるという観点である。この他者の視線に死者の視線，すなわち死者から見られる，あるいは死んでからも生者から見られるという視線を織り込むとき，世代責任の倫理意識が生まれる。そしてその延長線上に，死者集

団とのコミュニケーションの中で死者の視線をたえず感
じる限り，人生最期の生き様を次世代に見てもらうとい
う姿勢が生じる。

第三は，老人の自立と互助の総合，豊かな長寿経済と安定
した社会保障制度の基盤，そしてグローバル化への立ち
向かい方の鍵を握るのは，生活の中でもとくに共同領域
に適合し，適正な利益は必要とするが際限なき利潤を求
めない「有償ボランティア」という働き方であり，これ
を可能にするメディアがローカルマネー（地域通貨）だ
という観点である。

第四は，ナチュラルなものとデジタルなものとの異なるリ
アリティ同士の融合から，21世紀のデジタル時代にふ
さわしい創発的共生の文化が生じるという観点である。
異なるリアリティの融合はまたナチュラルなもの同士の
あいだでも成立する。


## 7　シルバー共和主義

　老人世代の様々な役割を実践的に統一するのは最終的には
政治である。これが五つめの観点に関わる。本書で取り上げ
た著者たちも口を揃えて政治に言及している。ただし，政治
に対するスタンスは異なる。

　ボーヴォワールは老人差別を文明の恥だとして政治参加を
呼びかける。バトラーはリベラリズムの観点から一歩踏み込
み，老人自身が政治参加することで公共政策と制度改革を実
現することを提案している。キャラハンはリベラリズムに反
対し，むしろコミュニティの公共的議論に期待を寄せてい
る。『ライフシフト1・2』の著者たちも同様に政治参加の必

要性を唱えているが，「シルバー民主主義」には警鐘を鳴ら
している。

　政治思想には一般に，個人の自由・独立を強調する自由主
義，コミュニティや伝統の価値を重視する共同主義，普遍的
な価値による包摂をめざす統合主義，無差別あるいは無限の
見地に立つ超越主義の四タイプがある。今日，対立の主軸を
形成しているのは，自由主義や統合主義を含む広義のリベラ
リズムと，共同主義や超越主義にまたがるコミュニタリアニ
ズムである。前者はバトラーの立場，後者はキャラハンの立
場である。

　政治思想の対立に対する向かい合い方にはいくつかある。
例えば，どちらか一方に立って他方を吸収する，両者が折り
合える妥協点を探る，両者を包括するより普遍的な立場を見
出す，すべてをバイアスと見てバランスの回復を心がける，
などのアプローチが考えられる。

　私自身は少し前まで最後にあげた四次元相関のバランス思
考の立場を採っていたが（森下 2020，森下 2021），そこには
前もって実践目標を掲げられないという難点があった。そこ
でいまは「両者に共通する基盤を探り，その基盤から両者を
流動的に位置づけ直す」という立場に移行している。

　両者に共通する基盤，それが本書で着目した社会の「みん
なのもの（レス・プブリカ）」である。みんなのもの（レス・
プブリカ）はたえず吟味され，取捨選択されることによって
継承するに値するものに更新される。そのためにはみんなの
もの（レス・プブリカ）を吟味する基準が必要である。それ
が「幸福感のミニマム」である。集団レベルのみんなのもの
（レス・プブリカ）と個人レベルの幸福感のミニマムの緊張
関係という観点，あるいは幸福感のミニマム基準付きのみん

なのもの（レス・プブリカ）という観点をとることによって，
バトラーとキャラハンの対立地平を流動させることが期待で
きる。

　幸福感のミニマム基準付きのみんなのもの（レス・プブリ
カ）という観点は民主主義とは異なる政治的立場，すなわち
共和主義を押し出す。民主主義（民衆政，デモス・クラティ
ア）は個人を一人一票として尊重し，個人の権利を人権とし
て普遍化するが，みんなのもの（レス・プブリカ）を私的領
域に閉じ込める。その点でみんなのもの（レス・プブリカ）
を公共的に前提にする共和主義とは相容れない。しかし，そ
もそもここでいう共和主義とは何か。共和主義の元祖，古代
ローマのキケロに登場してもらう。

　キケロは『老年について』の中で 84 歳の大カトーを通じ
て老年の四つの厭うべき点をあげ，それを一つずつ退ける。
まず，老年が公の仕事から遠ざけるという点に関しては，知
恵と思慮と記憶力で対抗できるとする。次の体力が衰える点
に関しては，老年にふさわしい体力で十分だと言い，若い頃
から節制して鍛えるべきだと説く。三つ目の快楽がなくなる
点に関しては，むしろ望ましいことだとし，それに優る農業
の喜びを語る。最後の死に近づく点に関しては，魂の不死を
信じ，死者との再会を心待ちにしていると言う。

　キケロが一番力を入れているのは四番目の死者とのコミュ
ニケーションである。死者の魂の不死の背後には先祖から連
綿と続くレス・プブリカ，つまり国家（共和国）がある[*]。「後
の世が自分たちに関わりを持つという意識」があればこそ
「後の世にまで記憶されるような偉業」を成し遂げることが
できる（キケロー p.75）。元来，レス・プブリカ（共通の事
柄）としての国家は「国民のもの」であり，王なき統治を意

180

味した。しかしキケロは，王政・貴族政・民衆政といった政体を超える「いにしえの慣習」としてレス・ププリカを捉え直している（的射場）。

（＊）第3章の最後で論じた三木の場合も死者の生命の背後に絶対的な伝統主義があった。ただし，それはキケロの共和国と違って親鸞の法統，すなわち「御同朋同行主義」に限られていた。三木の思想を今日に活かすとすれば共和主義の立場になるだろう。

「みんなのもの（レス・ププリカ）」とは，社会集団の生活の総体の中で価値あるものとして継承されてきた歴史的社会的共有財産である。そして幸福感のミニマム基準によってふるいにかけられたみんなのもの（レス・ププリカ）を基盤にするのが共和主義である。民主主義はみんなのもの（レス・ププリカ）を必要とし，共和主義は個人の幸福感のミニマム基準を必要とする。人生100年時代となった21世紀を生きる老人の政治的な役割は共和主義を担うことである。これが世代責任の五つめの観点である。それには「シルバー共和主義」という名称がふさわしいだろう。

# あとがき

　人生 100 年時代の今日，老人（高齢者）を論じた著作や老後を描いた作品が巷に溢れている。その中にあって本書はどう見ても異端である。健康や，趣味，家族関係，老後資金，介護，終活などのテーマを実用的に語るのではなく，世代責任を前面に押し出し，もっぱらポスト福祉国家の改革や 21 世紀の課題に対する立ち向かい方に絡めて老い方を論じているからだ。

　ふつうの人の日常感覚からすれば，世代責任といった堅苦しい老い方は非現実にして不可能の部類に入るに違いない。しかし，21 世紀の人生 100 年時代を生きる老人は超高齢社会の主役であり，ポスト福祉国家の当事者であり，介護サービスの主人公である。これからの老人にはそれだけの覚悟や気構えが要求され，またそれに応えるだけの能力も備わっていると，私は真面目に考えている。

　4 年前に遡るが，「老成学研究所」を設立したとき看板となる著作が必要だと考え，二部構成の『老成学事始』を構想した。基礎編にあたる第一部は『システム倫理学的思考』のタイトルで 2020 年 2 月に出版した。そして今回，本編の第二部を『21 世紀の「老い」の思想』として出版することができた。4 年越しの宿願を果たすことができて肩の荷が下りた気分である。

　執筆には一月半を要した。開始時点で「老いの思想」の枠組みはほぼ固まっていたが，執筆途中で明確になったアイ

デアもある。それが「みんなのもの（レス・プブリカ）」、レス・プブリカをふるいにかける基準としての「幸福感のミニマム」、「シルバー共和主義」である。アイデア全体の中で老成学をポスト福祉国家やグローバリズムにつなぐ役割を果たしているのが「有償ボランティア」である。このアイデアがなければ、現実離れしたことを書いているのではないかという疑念を抑えることはできなかっただろう。

　図書の分類でいうと本書は一般書と専門書の中間に位置する。そのため出版社探しに苦労した。一般向けにしては小難しくて読者層が絞れないと何人もの編集者に断られた。半ば諦めていたとき知泉書館の小山社長が助け舟を出してくれた。本書の恩人である。仲介の労をとってくれたのは三嶋輝夫さんと田坂さつきさんである。お二人には心より感謝を申し上げる。また、著作の相談に乗ってくれ、「もっと現場を知った方がいいですよ」と『ヘルプマン』を勧めてくれた上原（石井）真理さんをはじめ、お名前は出さないが出版社を紹介いただいた何人もの先輩や友人にもお礼を言いたい。

　本書は、老成学研究所の運営にこれまで協力してくれた方々をはじめ、東京大学大学院医療倫理学研究室（赤林朗教授）、上智大学生命倫理研究所、京都府立医大大学院医学生命倫理学研究室（瀬戸山晃一教授）の関係者皆さんのご支援のおかげである。この機会を借りて感謝の気持ちを伝えたい。なお、本書は科研費（基盤研究 (B)（特設分野研究）15KT00005）の7年越しの成果でもある。税金を使わせてもらった国民の皆さんには成果報告の遅延をお詫びしなければならない。

　最後に、老成学研究所の看板はやっとできたが、これからが研究所の活動にとって本番である。老成学の成否はその展

あとがき

開如何にかかっている。ご協力いただける方々と一緒に普及に努めたいと願っている。個人的にはあと二，三冊は書きたいことがある。そもそも出版社には完成原稿を持って打診すべきであった。今後の自戒としたい。

2022 年 11 月

森　下　直　貴

# 参 考 文 献

（登場順）


## 第 1 章　人生 100 年時代の老成学

本村昌文ほか編『老い　人文学・ケアの現場・老年学』ポラーノ出版，2019 年

宮田登・新谷尚紀編『往生考 日本人の生・老・死』小学館，2000 年

ボーヴォワール『老い　上下』朝吹三吉訳，人文書院，1972 年

吉田兼好『徒然草』日本古典文学体系 39，岩波書店，1989 年

三木清『人生論ノート』1942 年（『三木清全集 1』岩波書店，1966 年）

モンテーニュ『エセー』（Montaigne, *Essais*, Œuvres complétes, Gaillimard, 1962）

山田風太郎『人間臨終図巻』全四冊，徳間文庫，2011 年（2001 年初出）

飯島虚心『葛飾北斎伝』岩波文庫，1999（1893）年

シェークスピア『お気に召すまま』（William Shakespeare, *As You Like It*, Script of Act 2）

キケロー『老年について』中務哲郎訳，岩波文庫，2004 年

加持伸行『孝経［全訳注］』講談社学術文庫，2007 年

グラットン，スミス『ライフシフト　100 年時代の人生戦略』池村千秋訳，東洋経済新報社，2016 年

有吉佐和子『恍惚の人』新潮文庫，1982 年

R. バトラー『老後はなぜ悲劇なのか——アメリカの老人たちの生活』内薗耕二監訳，グレッグ・中村文子訳，メヂカルフレンド社，1991 年

D. キャラハン『老いの医療——延命主義医療に代わるもの』山崎淳訳，早川書房，1990 年

河合雅司『未来の年表』講談社現代新書，2017 年

鈴木亘『社会保障亡国論』講談社現代新書，2014 年

## 参考文献

NHK スペシャル取材班『老後破産　長寿という悪夢』新潮社，2015
　　年

森下直貴「〈垂直のコミュニケーション〉という希望──最晩年期に
　　おける「老の中の死」の意味」『死生学年報 2017』東洋英和女
　　学院大学死生学研究所，リトン，2017 年

────・佐野誠編著『新版「生きるに値しない命」とは誰のこと
　　か』中央公論新社，2020 年

佐藤愛子『九十歳。何がめでたい』小学館，2016 年

上野千鶴子『おひとりさまの老後』文春文庫，2014 年（初出 2007
　　年）

────『おひとりさまの最期』朝日出版，2015 年

日野原重明『生きかた上手』ユーリーグ，2001 年

長谷川和夫・猪熊律子『ボクはやっと認知症のことがわかった』
　　KADOKAWA，2019 年

出井伸之『人生の経営』小学館新書，2022 年

和田秀樹『80 歳の壁』幻冬舎新書，2022 年

山折哲雄『「ひとり」の哲学』新潮社，2016 年

ニクラス・ルーマン『社会システム理論　上・下』（原著 1984 年），
　　佐藤勉監訳，恒星社厚生閣，1993 年，1995 年

森下直貴『システム倫理学的思考』幻冬舎メディアコンサルティン
　　グ，2020 年

### 第 2 章　老人介護をめぐる常識

有吉佐和子『恍惚の人』新潮文庫，1982 年

森下直貴『死の選択』窓社，1999 年

井上治代『墓と家族の変容』岩波書店，2003 年

湯沢雍彦・宮本みち子編『新版データで読む家族問題』日本放送出
　　版協会，2008 年

森下直貴「「家族」の未来のかたち　結婚・出産・看取りの人類学的
　　展望」，古茂田宏ほか編『21 世紀への透視図』第 3 章，青木書
　　店，2009 年

佐江衆一『老熟家族』新潮文庫，1985 年

────『黄落』新潮文庫，1996 年

## 参考文献

NHK スペシャル取材班『老後破産　長寿という悪夢』新潮社，2015 年

井口高志『認知症社会の希望はいかにひらかれるのか――ケア実践 と本人の声をめぐる社会学的探求』晃洋書房，2020 年

小澤勲『痴呆を生きるということ』岩波新書，2003 年

くさか里樹『ヘルプマン!』講談社，2004-14 年

――――『ヘルプマン!!』朝日新聞出版，2015-18 年

――――『ヘルプマン!! 取材日記』朝日新聞出版，2018-19 年


### 第 3 章　老いた自己のイメージ

ボーヴォワール『老い 上下』人文書院，朝吹三吉訳，1972 年

モンテーニュ『 エ セ ー 』（Montaigne, *Essais*, Œuvres complétes, Gaillimard, 1962）

保刈瑞穂『モンテーニュ私記』筑摩書房，2003 年

――――『モンテーニュの書斎』講談社，2017 年

E. H. エリクソン，J. M. エリクソン『ライフサイクル，その完結〈増 補版〉』村瀬孝雄・近藤邦夫訳，みすず書房，2001 年

くさか里樹『ヘルプマン!!』朝日新聞出版，2015-2018 年

坂爪真吾『セックスと超高齢社会』NHK 出版新書，2017 年

永六輔『大往生』岩波新書，1994 年

山本常朝・田代陣基『定本　葉隠［全訳注］』佐藤正英校訂，吉田真 樹監訳注，筑摩書房，2017 年

山崎章郎『在宅ホスピスという仕組み』新潮選書，2018 年

三木清『人生論ノート』1942 年（『三木清全集 1』岩波書店，1966 年）


### 第 4 章　エイジズムの乗り越え方

R. バトラーの『老後はなぜ悲劇なのか――アメリカの老人たちの生 活』内薗耕二監訳，グレッグ・中村文子訳，メヂカルフレンド 社，1991 年

アードマン・B. パルモア『エイジズム』奥山正司ほか訳，法政大学 出版局，1995 年

## 参考文献

ボーヴォワール『老い　上下』人文書院，朝吹三吉訳，1972 年

平山洋介『住宅政策のどこが問題か』光文社新書，2009 年

D. シンクレア『ライフスパン　老いなき世界』梶山あゆみ訳，東洋経済新報社，2020 年

森下直貴「病気／健康」，『シリーズ生命倫理学 2　生命倫理の基礎概念』第 6 章，丸善出版，2012 年

河合雅司『未来の年表』講談社現代新書，2017 年

鶴若麻理・森下直貴「日本における最晩年期高齢者の〈生き方〉の一側面──「新老人の会」の調査を踏まえて」，『生存科学』Vol.30（2）：69-90，2020 年 3 月

鷲田清一『老いの空白』岩波現代文庫，2015 年

スコット，グラットン『ライフシフト 2　100 年時代の行動戦略』池村千秋訳，東洋経済新報社，2021 年

森下直貴「共同討議「おそれと差別」提題者に対するコメント」，日本倫理学会編『倫理学年報第 71 集』41-46，2022 年

─────『システム倫理学的思考』幻冬舎メディアコンサルティング，2020 年

## 第 5 章　人生最期の生き様

D. キャラハン『老いの医療──延命主義医療に代わるもの』山崎淳訳，早川書房，1990 年

H. ヨナス『責任という原理』加藤尚武監訳，東信堂，2000 年

E. H. エリクソン，J. B. エリクソン『ライフサイクル，その完結〈増補版〉』みすず書房，2001 年

森下直貴・佐野誠編著『新版「生きるに値しない命」とは誰のことか』中央公論新社，2020 年

村上宏昭『世代の歴史社会学 近代ドイツの教養・福祉・戦争』昭和堂，2012 年

大石繁宏『幸せを科学する』新曜社，2009 年

森下直貴『システム倫理学的思考』幻冬舎メディアコンサルティング，2020 年

─────『健康への欲望と〈安らぎ〉』青木書店，2003 年

─────「看護学生の「安楽死」問題」，老成学研究所ホームページ

# 参考文献

https://re-ageing.jp，2021 年

―――――『死の選択』窓社，1999 年

橋田壽賀子『安楽死で死なせてください』文春新書，2017 年

宮下洋一『安楽死を遂げた日本人』小学館，2019 年

西部邁　Wikipedia

深沢七郎『楢山節考』新潮文庫，1956 年

山崎章郎『「在宅ホスピス」という仕組み』新潮選書，2018 年

柳田国男『先祖の話』角川ソフィア文庫，2013（初版 1945）年

森下直貴「〈垂直のコミュニケーション〉という希望――最晩年期における「老の中の死」の意味」，『死生学年報 2017』東洋英和女学院大学死生学研究所，リトン，2017 年

## 第 6 章　老いの生活の豊かさ

グラットン，スコット『ライフシフト　100 年時代の人生戦略』池村千秋訳，東洋経済新報社，2016 年

スコット，グラットン『ライフシフト 2　100 年時代の行動戦略』池村千秋訳，東洋経済新報社，2021 年

河合雅司『未来の年表』講談社現代新書，2017 年

諸富徹『資本主義の新しい形』岩波書店，2020 年

西部忠『資本主義はどこに行くのか』NHK ブックス，2011 年

岩田正美『生活保護解体論』岩波書店，2021 年

橘木俊詔『貧困大国ニッポンの課題』人文書院，2015 年

宮本太郎『共生保障』岩波書店，2017 年

森下直貴『システム倫理学的思考』幻冬舎メディアコンサルティング，2020 年

―――――「三木は「西田哲学」を超えることができたか」，田中久文・藤田正勝・室井美千博編『再考 三木清――現代への問いとして』第 7 章，昭和堂，2019 年

鶴若麻理・森下直貴「日本における最晩年期高齢者の〈生き方〉の一側面――「新老人の会」の調査を踏まえて」，『生存科学』Vol.30（2）：69-90，2020 年 3 月

鈴木亘『社会保障亡国論』講談社現代新書，2014 年

参 考 文 献

## 第 7 章　21 世紀老人の生き方

ヘミングウェイ『老人と海』新潮文庫，高見浩訳，1990 年
尾関周二『21 世紀の変革思想へ向けて——環境・農・デジタルの視点から』本の泉社，2021 年
佐々木隆治『マルクスの物象化論［新版］』堀内出版，2021 年
西部忠『脱国家通貨の時代』秀和システム，2021 年
大黒岳彦『ヴァーチャル社会の〈哲学〉——ビットコイン・VR・ポストトゥルース』青土社，2018 年
ニクラス・ルーマン『社会システム理論上・下』（原著 1984 年），佐藤勉監訳，恒星社厚生閣，1993 年，1995 年
森下直貴『システム倫理学的思考』幻冬舎メディアコンサルティング，2020 年
―――「『正解』なき世界の『バイアス』」老成学研究所ホームページ，2021 年
キケロー『老年について』中務哲郎訳，岩波文庫，2004 年
的射場敬一「共和政ローマとキケロ」，『国士舘大学政治研究 2』p.107-135，2011 年

192

# 人　名　索　引

# 人 名 索 引

# 事 項 索 引

事　項　索　引

198

# 事　項　索　引

201

# 事　項　索　引

# 著作・作品名索引

森下　直貴（もりした・なおき）

1953年生まれ。東京大学文学部倫理学科卒，同大学院人文科学研究科（博士課程）単位取得退学。現在，浜松医科大学名誉教授，京都府立医科大学客員教授，一般社団法人老成学研究所代表理事・所長。
〔主要著作〕『死の選択』窓社, 1999年。『臓器交換社会』共訳, 青木書店, 1999年。『健康への欲望と〈安らぎ〉』青木書店, 2003年。『水子』共訳, 青木書店, 2006年。『生命倫理学の基本構図』共編著, 丸善出版, 2012年。『生命と科学技術の倫理学』編著, 丸善出版, 2016年。『システム倫理学的思考』幻冬舎メディカルコンサルティング, 2020年。『新版「生きるに値しない命」とは誰のことか』共編著, 中央公論新社, 2020年。

〔21世紀の「老い」の思想〕　　　　　　ISBN978-4-86285-373-8

2022年11月15日　第1刷印刷
2022年11月20日　第1刷発行

著　者　森　下　直　貴
発行者　小　山　光　夫
印刷者　藤　原　愛　子

発行所　〒113-0033 東京都文京区本郷 1-13-2　　株式
　　　　電話 03 (3814) 6161 振替 00120-6-117170　会社　知泉書館
　　　　http://www.chisen.co.jp

Printed in Japan　　　　　　　　　　　印刷・製本／藤原印刷